パリジェンヌ流人生の楽しみ方を学ぶ旅

親子のためのパリ案内

パリジェンヌに学ぶ子育てスタイル

Guide touristique de Paris pour mamans et enfants

La façon dont les mamans parisiennes élèvent leurs enfants

PRESS PARIS

RIKUYOSHA

はじめに

パリジェンヌたちは、ママになっても子育てだけに縛られることはなく、仕事に、プライベートにと忙しい。そんな彼女たちはどのように子どもを育てているのだろう？　どんな場所に子どもと一緒に行くのだろう？　そんな疑問から始まったのが本書である。このガイドブックでは、旅行者でもパリジェンヌ気分を味わえるアドレスを紹介している。パリが好きな女性なら、ママになってもパリに行きたいはず。子どもと一緒に旅行するのは大変かもしれないが、パリの情緒溢れる風景を子どもに見せておいて損はない。さらに、子どもは美術館に無料で入れたり、宿泊費が安くなったりすることも多く、パリは子ども連れに優しい街でもある。
まずはパリのママたちがどのように子育てをしているのかを垣間見て欲しい。お金をかけずとも、精神的に豊かな時間の過ごし方ができるパリジェンヌ・ママたちの生き方は、私たちにとって、ときに参考に、ときに反面教師になるはずだ。ひいては、日本で子育てをしているすべての方への応援メッセージとなれたら幸いである。

もくじ

Sommaire

コラム Entrefilet

1
パリのことは知っているけど、今度は子どもと一緒に楽しみたい。

パリジェンヌが実際に使う場所でありながら、旅行者でも行きやすいアドレスを選んで紹介している。すでに知っている場所でも、パリジェンヌ・ママ流の使い方を知れば、再び行ってみたくなるはず。

2
パリジェンヌ・ママの子育て方法を知りたい。

紹介しているアドレスやコラムでは、子どもに媚びず、大人中心の世界を守るパリジェンヌ・ママたちの生活や考え方、子育て方法を随所に盛り込んでいる。通して読んでいただければ、彼女たちの“Art de Vivre（人生の楽しみ方）”が見えてくる。

3
とにかくパリが好き！パリジェンヌ気分を味わいたい。

どのアドレスも、ディープなパリを味わえる内容になっている。子どもや親子のいるパリの空間も写真で楽しめるので、読むだけですっかりパリジェンヌ・ママ気分。

◎公園、施設、店などのデータの見方

住 住所
駅 最寄のメトロまたはRERの駅
T 電話番号
時 開園時間、営業時間など
休 定休日
€ 料金、値段
トイレ(※公園にのみ表示)
交 行き方

※本書に掲載されている取材先の住所、電話番号、営業時間、定休日、価格などは
2011年9月の取材時のもので、変更になる場合があります。

Chapitre 1

ママも開放感を楽しめる遊び場アドレス

パリジェンヌ・ママは、いくら子育てに追われていても、自分の時間を大事にする。ときに子どもを人に預けたり、ときに大人の集まりに連れて行ったり。とはいえ、日常的に子どもと一緒に行かれる安全な遊び場もとても大切にしている。その代表が公園だ。たくさんの大人の目もあるから、たとえ自分が読書やおしゃべりに夢中になっていても大丈夫。何より、青空のもと、親子それぞれが心地良く、また、それほどお金をかけずに過ごすことができる。彼女たちは、家の近所や子どもの学校の帰り道に行きつけの公園を持ち、ひととき子育てから解放される場所として、有効に利用している。もともと公園が大好きなフランス人。小さいころ、家族やベビー・シッターに連れて行ってもらった思い出が、心に刻まれているのかもしれない。

01
Guide touristique de Paris pour mamans et enfants
Adresses où même les mamans goûtent la joie de la liberté
P.6-25

パリジェンヌ・ママが大好きな庭

Jardin du Luxembourg

リュクサンブール公園

子どもの遊び場が充実！

パパもママも遊んだというメリーゴーランド。通りがかりのムッシューも「まだあるのかあ」と懐かしそう。

「パリの公園」というと、この公園を思い浮かべるママも多い。パリ左岸、カルチェ・ラタンに広がるリュクサンブール公園は、もとはリュクサンブール宮殿の庭だったところだ。アンリ4世の妃、マリー・ド・メディシスが1612年にリュクサンブール公フランソワの館と8ヘクタールの土地を買ったのが始まり。公園北側にあるリュクサンブール宮はフランス革命中に牢獄としても使用されたという。今は元老院（フランスの上院）が置かれている。歴史を経て約25ヘクタールの広さになった庭園では、四季折々自然の美しさを満喫することができる。手入れの行き届いたフランス式庭園と自然色の濃いイギリス式庭園が共存しており、都会の真ん中にありながら、自然の中にいるような錯覚を覚える空間は、リラックス・ムード一杯。歩くだけでのんびりとした気分になるから不思議だ。パリで一番大きなこの公園はいわば、パリジャン・パリジェンヌの庭。老若男女問わず、ジョギング、テニス、バスケ、散歩、チェス、ペタンク、スケッチなど、みな思い思いの目的で公園を利用する。池でのミニチュア・ヨット遊び、メリーゴーランドやギニョール（人形の劇場）など、子ども向けの遊び場も充実している。レストラン、売店、トイレといった親子で過ごすために必要な設備も整っていて、移動せずに園内だけで一日の大半を過ごすことが可能だ。まさにママも手間いらずのスポット。それだけに、ご近所ママたちは「マイ公園」としてフル活用している。特に、学校が休みの水曜日や週末の遊び場として人気がある。サンジェルマン・デ・プレにも近いという場所柄だけに、ハイソな雰囲気。公園なのにケリー・バッグで登場するママもいるくらいだ。

子どもたちが楽しく遊んでいる間、ママは囲いの外で入場料をかけずに楽しいおしゃべり。

まるで自宅の庭にいるかのように、パリジャン・パリジェンヌが「自分の時間」を楽しむ。

パリジェンヌ・ママたちも安心して過ごせる

園内にある子ども用の遊び場の特徴は、子どもたちが「囲いの中」にいること。子どもたちが楽しんでいる間、ママも安心して自分の時間を楽しむことができる。まずは椅子を好みの位置に移動。そして売店で買った飲みものや、クレープ、ゴーフルなどが揃えば、おしゃべりに花が咲く。また、ひとりでコーヒー片手に読書をするママの横顔は真剣そのもの。子どもを遊ばせている間にママが解放される場所としては、他の公園よりかなりポイントが高い。
一方で「あの公園はお金がかかりすぎる」と敬遠するママもいる。確かに、ギニョールは4.5ユーロ、メリーゴーランドと遊び場の入場料はそれぞれ2.5ユーロ。トータルするとバカにならない。パリジェンヌ・ママのイザベルさんは、この公園を特別なお出かけ先と考えている。「実家の母がパリに来たときに娘と3人で出かけるの。遊んでいる娘を眺め、母とアイスクリームを食べながらおしゃべりするのが楽しみ」なのだそう。イザベルさんだけでなく、まだまだ現役のおばあちゃんも、子ども時代にこの公園で食べたアイスクリームの味を思い出しながら、主婦業の忙しさから解放された気分に浸るそうだ。

Jardin du Luxembourg

リュクサンブール公園

住 13, rue de Médicis 75006 Paris
駅 Luxembourg（RER B線）
時 日照時間により異なる
€ 入園無料
大人0.4ユーロ、子ども0.2ユーロ
◎子ども用の遊び場
€ 入場2.5ユーロ

子どもが500人まで遊べる遊具つきの遊び場あり！

Parc de la Villette

ラ・ヴィレット公園

「出合い」がテーマの近代的公園

「パリの上野公園」と言う人もいるこの「ラ・ヴィレット公園」は、パリの北東、19区にある大きな公園。55ヘクタールという広大な敷地にCité des Sciences et de l'Industrie（科学博物館）、Cité de la Musique（音楽博物館）、Conservatoire de Paris（国立高等音楽院）、半球状のスクリーンで映像が楽しめるLa Géode（ラ・ジェオード）、多目的ホールLa Grande Hall（ラ・グランド・アル）などの施設があり、近未来的な雰囲気が漂う公園だ。野外映画祭やジャズ・フェスティバルなども行われることから、イベント・スペースとしてもパリ市民に親しまれている。

そんな文化的な公園も、ナポレオン3世の時代には、なんと屠殺場と肉市場だったとか。その後、フランソワ・ミッテラン大統領によって掲げられた「パリ大改造計画」のもと、公園プロジェクトがスタート。プロジェクトには「音楽に重きを置いた建物を作ること」「科学と技術の国立博物館を作ること」「全ての人に開放された都会的な文化を持つ公園を作ること」という、3つの目的が掲げられた。コンペを勝ち取った建築家は、スイス出身のフランス人建築家Bernard Tschumi（ベルナール・チュミ）氏。建築家チュミ氏による公園のコンセプトは「出合い」。過去と現在、パリと近郊、都市と自然、芸術と科学、精神と身体、古いものと新しいものなどなど、相対するものの「出合い」が表現されている。中でも、目を引くのが赤く点在する建物。これは“Folie（フォリー）”と呼ばれ、全部で26ある。

安心して子どもを遊ばせることができる空間

26のフォリーは、それぞれに役割があり、例えば、インフォメーション・センターや催しものの受付として使われている。特に、フォリー“L6”があるエリアは、パリジェンヌ・ママたちに人気。500人まで入場可能な遊具つきの子ども用公園があるからだ。年齢によってゾーンが分かれているので、小さい子どもを持つママも安心。変わった形の椅子に座って、子どもたちを眺めながら自分の時間を楽しむママも多い。フォリーの入り口には、公園の管理人さんもいるため警備も万全。しかもトイレも完備されているのでとても便利だ。
科学博物館に行った後、この子ども用公園で遊んで来たというサンドラさん。「子どものために作られている公園なので、親も安心して見ていられるわ。斬新な点で、近所にある遊具とまったく違うので、息子のノエもかなり楽しかったみたい。私たちはパリの反対側に住んでいてここへ来るのは大変だけど、それでもまた来たいわ」と話す。
ラ・ヴィレット公園内には、カフェテリアや出店もあって、子どもだけでなく大人も楽しめる。見渡せば、運河の周囲を利用してサイクリングを楽しむ人、ストレッチやランニングをする人など、思い思いに公園を利用している。ここには、観光客が目にすることのない、普段着のパリがある。公園としては少々捉えにくい人工的な空間とも言えるが、それこそがパリらしいところ。天気の良い日に、パリジェンヌ・ママ気分で、親子でピクニックを楽しんでみたい。

左：面白い形の椅子。中：子ども用公園には珍しい遊具がたくさん。右：見所が多く広い園内。Porte de Pantin駅近くにあるインフォメーション・センターなどで地図がもらえる。

Parc de la Villette

ラ・ヴィレット公園

住 221, avenue Jean Jaurès 75019 Paris
駅 Porte de Pantin（メトロ5番線）、
Porte de la Villette（メトロ7番線）
T 01 40 03 75 75
時 24時間開園
休 無休
€ 入園無料
トイレ フォリー"L6"内、または各施設内（無料）
http://www.villette.com/

芝生や気球が開放感を演出し、誰もがのんびりした気分になれる。

広々とした芝生はパリジェンヌ親子の憩いの場

Parc André-Citroën

アンドレ・シトロエン公園

フランスのヒストリーが刻まれた公園

「シトロエン」と聞けば「車」と思う人も多いはず。そう、フランスが誇る名車シトロエンだ。その工場跡地にできたこの公園は、シトロエンの名にふさわしい近未来的なアーバン・ガーデン。自然と都市が共存する新世代の公園は、大人にも子どもにも新発見の面白さに溢れている。かつて、この辺りには小さな村があり、舟遊びの場として15世紀ごろから利用されていた。化学製品の製造が始まり、1824年にアルトワ伯、後のシャルル10世が消毒用水を作り、村の名前をとって"Javel(ジャヴェル)"と命名。フランス人なら誰もが知るこの消毒液の成功によって村は発展を遂げ、シトロエン社へと受け継がれて行く。そして1992年、再開発によって総面積14ヘクタールの公園が誕生した。
再開発計画に先立ち、パリ市が公園計画のコンペを開催。最終的に2案が選ばれ、ひとつの公園を半分ずつ、2組の建築家が担当するという異例の結果に。1組目は、建築家Patrick Berger(パトリック・ベルジェ)氏とケ・ブランリー美術館の庭空間をデザインした造園家Gilles Clément(ジル・クレマン)氏。自然をそのまま持って来るという手法で公園の北側を担当。2組目は建築家Viguier & Jodry（ヴィギュール&ジョドリィ）氏と造園家Allain Provost（アラン・プロヴォ）氏の組み合わせ。彼らは、対照的に幾何学模様をテーマに南側を担当。その結果、現在の見事な作品が完成した。

アートと広い芝生がママたちのお気に入り

公園は、Jardin Blanc（白の公園）、Jardin Noir（黒の公園）、Grand Parc Central（中央公園）の3つのパートで構成される。3つのパートはさらに細分化され、個性あるテーマの公園が散りばめられている。例えば、Jardins Sériels（シリーズ・ガーデン）には赤、青、緑、オレンジ、銀、金の6つの庭がある。Jardin Bleu（青の庭）の場合、キーワードは「銅」「金星」「金曜日」「雨」「嗅覚」。青い花の咲く庭に波型のベンチが置かれている。アートにもいちいちロジックを求めるのがいかにもフランスらしい。その他にも、この公園には石畳の噴水、温室、なんと気球まである。平面だけでなく、立体的な作りになっているのが特徴だ。天気の良い日は学校が終わった後、公園はパリジェンヌ・ママと子どもたち、そしてベビー・シッターさんたちの憩いの場となっている。ただ散歩やかくれんぼをするだけでも楽しめる。特に、中央の芝生の広さは、贅沢な贈りもの。
公には禁止されているものの、夏場の噴水広場は子どもたちにとっては格好の水遊び場。辺りには彼らがはしゃぎまわる声が1日中響き渡る。大人も子どもたちを見守りつつ、のんびり読書などをして過ごす。
マキシム君を連れて来たヴィルジニさんは「近くにこれほど大きな公園があるのはとても素晴しいことだし、緑のある生活は気持ちが良い」と嬉しそうに散歩する。天気の良い日には黒の公園と中央公園の間にシャーベット売りのおじさんもやって来る。もちろん車はシトロエン！　BIO（無添加）のシャーベットはなかなか濃厚な大人の味（シングル2.5ユーロ～）。

Parc André-Citroën

アンドレ・シトロエン公園

住 2, rue Cauchy 75015 Paris
駅 Javel André Citroën（メトロ10番線）、Javel（RER C線）、Balard（メトロ8番線）
時 夏期9:00～21:30、冬期9:00～17:30
€ 入園無料
トイレ 黒の公園と中央公園、気球の管理事務所裏手（無料）

◎気球　時 9:00～閉園30分前
€ 大人：10ユーロ（平日）・12ユーロ（土、日、祝）、12～17歳：9ユーロ（平日）・10ユーロ（土、日、祝）、3～11歳：5ユーロ（平日）・6ユーロ（土、日、祝）、3歳未満：無料

イベントやアトラクションが豊富な植物公園

Parc Floral de Paris

パリ・フローラル公園

さまざまな植物がコレクションされている園内

パリは、年中イベントをやっている。中でもイベント会場の公園としてパリジェンヌ・ママに知られているのが「パリ・フローラル公園」。数ある公園の中で、「庶民的」「家族的」という言葉がぴったりの公園だ。園内には季節の花々が咲き誇り、木立と芝生の素晴しいコンビネーションは、家族ピクニックにも最適の場所。数年前から入場料が無料になったことでより行きやすくなった。
1969年、第3回「パリ国際花祭り」のために作られたこの公園は、ヴァンセンヌの森の北側、ヴァンセンヌ城前広場の向かいに位置する。31ヘクタールの広さは、フランス第二帝政後に作られた公園の中で、もっとも大きなもの。設計、建設は造園家Daniel Collin（ダニエル・コラン）氏にゆだねられ、15か月を要し完成した。建物の一部は、1964年の東京オリンピックのときに、日本の建築家、丹下健三氏が設計した東京オリンピック国立屋内総合競技場（現国立代々木競技場）や、京都の桂離宮の影響を大いに受けている。
公園にはさまざまな植物がコレクションされている。例えば、盆栽、地中海性植物、ベランダや室内向けの植物、滋養に富んだ植物、香辛料、芳香性植物、薬用植物、有毒植物など多岐に渡る。春にはチューリップ、秋にはダリア、それぞれ約200種もある。毎年、新種のダリアの世界コンクールも催される。

芝生で音楽を聴きながら、親子でピクニック

夏には屋根つきのイベント会場、Espace Delta（エスパス・デルタ）で、子ども向けの無料スペクタクルやジャズ・クラシック・コンサート（有料）が開催される。このイベントは年々人気を呼んでいる。サンドイッチを持参し、親子で参加するも良し、ランチの後に散歩がてら聞きに来るも良し。イベント会場に入らなくても、近くにいれば音楽は流れて来る。長時間じっと

上：公園名がオブジェに！ 白い文字が緑に良く映える。
下：イベント会場となるエスパス・デルタ。

していられない小さな子どもが一緒でも大丈夫。未来のパリジェンヌ・ママ、セシルさんは、友人とピクニックがてらジャズ・コンサートを聞きに来た。「公園に来てこんなにのびのびした気分は久しぶり。他の家族もピクニックが楽しそうね。早く生まれて来る子どもと一緒にコンサートに来たいわ」と夢を語る。
この公園では冬のマルシェ・ド・ノエルを始め、いろいろな展示会も開かれる。ママたちにとっても、他の公園とは違う楽しみ方がある場所として人気が高い。嬉しいことに、子ども向けの遊び場はかなり広くスペースが取られていて遊具も豊富。有料だが、ギニョールやミニ・ゴルフ、みんなで乗れるペダル車での園内散歩などもあり、家族の思い出作りにはもってこいの場所だ。
森の空気の漂う花園の中で、家族で音楽鑑賞をしたり、ピクニックを満喫したりするスタイルは、パリジェンヌ・ママたちの典型的な週末の過ごし方。パリジェンヌになりきって、見よう見まねで休日を公園で過ごしてみよう。

左：森の中にあるだけあって、家族でのんびりと休日を楽しめる。右：ペダル車は園内移動に便利。

Parc Floral de Paris

パリ・フローラル公園

住 Esplanade du Château de Vincennes, Route de la Pyramide 75012 Paris
駅 Château de Vincennes（メトロ1番線）
時 日照時間により異なる
€ 入園無料
無料
http://www.parcfloraldeparis.com/

◎有料コンサート（6〜9月の水、土、日） € 大人：5ユーロ、7〜26歳：2.5ユーロ、7歳未満：無料
◎ギニョール 時 15：00〜16：00（開場の15分前までに入場のこと） 休 月 € 2.8ユーロ

サービスの行き届いた安心感の高い公園

Jardin d'Acclimatation

アクリマタシオン公園

LVMHグループが運営するセレブな公園

ブローニュの森にある「アクリマタシオン公園」と聞くと遊園地というイメージが強い。でも、Jardin d'Acclimatationを直訳すると「動物順化園」、つまり都市と自然の共存を目指して作られた公園だ。

今から約150年前、ナポレオン3世がパリ再開発計画の一環として、イギリス式庭園をモデルにブローニュの森を作った。同じころ、動物学者Isidore Geoffroy Saint-Hilaire（イジドール・ジョフロワ・サン＝ティレール）氏は、5区にある「ジャルダン・デ・プラント（P.20）」の動物園が手狭になったため、新たに動物を飼育できる場所を探していた。1854年、多種の動物の紹介、順応などを助成する目的で「帝国動物順化協会」が設立される。そして1858年、パリ市は協会にブローニュの森の15ヘクタールの土地を与えた。プロジェクトを積極的に支持したナポレオン3世とユージェニー妃の提案で、面積がさらに5ヘクタール増加。皇帝夫妻のロンドン旅行の影響から、ハイド・パークをモデルにアクリマタシオン公園が設計された。そして、1860年に一般公開。以来150年の歴史を持つアクリマタシオン公園はフランス、いやヨーロッパでも一番古い遊園地となる。現在、公園はパリ市が所有し、「ルイ・ヴィトン」で知られるLVMHグループによって管理されている。2013年には、同グループが芸術文化支援活動を目的として設立した「ルイ・ヴィトン ファウンデーション」による現代アートの美術館ができる予定だ。

管理が行き届いているので親子でも安心

パリジャン・パリジェンヌたちにとって、ここは特別な場所。パパもママも、おじいちゃんもおばあちゃんも、小さいころここで遊んだ記憶があるからだ。園内にあるアトラクションも人気だ。1818年に蒸気機関車として始まったPetit Train（プティ・トラン）は、今でも現役。駐車

左：整備され、サービスの行き届いた園内。プティ・トランは大人にも人気。右：親子3代で親しんで来た小船。

場と公園の間を走っている。1926年からある川、Rivière Enchantée（リヴィエール・アンシャンテ）の小船は、パリジャン・パリジェンヌなら誰でも一度は乗っていると言われている。その他、有料だが劇場、リモコン式の船で遊べる池、ポニーに乗っての散歩、トランポリン、アトリエなども利用できる。

近年、パリのママたちの間で、アトラクションの料金が高いとの不満が高まっている。そこで公園側は改善策を打ち出した。例えば、遊具やアスレチック、野外フィットネスなどを作り、子どもたちが無料で遊べるスペースを増やした。ギニョールや水場も無料で楽しめる。「立入禁止」の看板がないところなら、どこででもピクニックが可能。ヴィクトワール、ガスパールという名の人気者の姉弟グマや、数々の野鳥、農場の動物などもおり、学校の遠足などでも利用されている。最近では、有名シェフのレストランや、モンブランで有名なサロン・ド・テ「アンジェリーナ」も登場。グルメなランチやティー・タイムも楽しめる。パリでは珍しく、サービスも行き届き、パパやママも開放感たっぷり。

公園を訪れていたパリジェンヌ・ママのローズさんは「ときどきならこういう場所もいいんじゃないかしら。子どもだけでなく、親子で楽しめるのがいいわね。管理が行き届いているから細々と心配しなくていいし。私もリラックスできるわ」と話してくれた。子どもたちの遊びの選択肢に幅があり、かつ大人たちも楽しめる。サービス満点の公園なのだ。

Jardin d'Acclimatation

アクリマタシオン公園

住 Bois de Boulogne 75116 Paris
駅 Les Sablons（メトロ1番線）
T 01 40 67 90 85
時 夏期10:00〜19:00、冬期10:00〜18:00
休 無休
€ 入園料 2.9ユーロ（3歳未満無料）
トイレ 無料
http://www.jardindacclimatation.fr/

◎アトラクション € 2.7ユーロ（1チケット）、32ユーロ（15チケット）、48ユーロ（25チケット）、80ユーロ（50チケット）
◎プティ・トラン € 2.7ユーロ（往復）

パリで見つける自分だけの「マイ公園」

Espaces Verts dans le Marais

マレ地区の公園

パリジャン・パリジェンヌは公園が大好き

“Espaces Verts（エスパス・ヴェール）”という言葉がある。いわゆる「公園」の総称だ。このエスパス・ヴェールは、サイズなどによって分類されている。例えば、Parc（パーク）。これは、大規模な公園や広い庭園を指す。またJardin Public（ジャルダン・ピュブリック）は、パリの街中にある公園を広く指す。そして、Square（スクエア）は、小規模な公園（広場）を指す。これら全てを合わせると、パリには全部で500近くの公園があると言われる。

公園にはフランス人の生活スタイルがありありと表れる。散歩をする人、読書にふける人。恋人たちが語り合っているかと思えば、ランチやおやつを食べるファミリーもいる。友達同士で盛り上がっているすぐ横で、絶望に打ちひしがれた若者が頭を抱え込んでいたりする。夏場になると、こちらが恥ずかしくなるような際どい格好で日焼けに精を出す人もいる。とにかくフランス人は公園が好きなのである。大都会パリでは、多くの人が東京に匹敵する狭いアパルトマン暮らし。そのため、パリジャン・パリジェンヌは自然の安らぎを求めて公園へ向かうのだ。

もちろん、パリジェンヌ・ママにとっても公園はとても身近な存在。彼女たちの自宅付近には、必ずと言って良いほどお気に入りの「マイ公園」があり、思い出もたくさん詰まっている。出産後、初めてお散歩したときのこと。哺乳瓶や離乳食持参でランチをしたときのこと。遊具で遊ぶ子どもたちを遠くからハラハラしながら見守ったこと。幼稚園や学校の帰り、家族みんなでピクニックをしたことなどなど。もちろん、ママたち自身にとっても大切な場所。マイ公園の基本は「くつろぎ楽しめる」こと。青空や太陽の日射しに開放感を感じ、気分転換をしているママもたくさんいる。

小さな空間ゆえに、ほっとする。束の間のくつろぎは、忙しいママへのプレゼント。

上:レオポルド・アシール広場の片隅にある遊具。
下:緑豊かなオテル・ド・サンス公園。

マレ地区にある、おすすめの「マイ公園」

特にマレ地区には、魅力的なマイ公園が点在する。そのひとつが“Square Léopold-Achille（レオポルド・アシール広場）”。カルナヴァレ美術館の後ろにある小さな公園。遊具もあれば柵に囲まれた芝生もあり、のびのびできる。週末になると、近所に住むファミリーで溢れる。子どもたちは思い思いの場所で夢中になって遊び、つき添いのパパやママはのんびりとくつろぎのひとときを満喫する。
小さな公園でも、それぞれ歴史や秘話があるのはさすが公園天国パリ。例えば“Jardin de l'Hôtel de Sens（オテル・ド・サンス公園）”。1519年に建てられた館、オテル・ド・サンスはゴシック様式とルネッサンス様式の魅力を兼ね備えており、1962年からForney（フォーニー）図書館として一般に利用されている。裏手の公園は小さいとはいえ、季節の花の咲き誇る完璧なフランス式庭園。まわりが柵で囲まれているので、小さな子どもを連れたママでも安心。
パリにはガイドブックに載らない小さな公園がたくさんある。どの公園も驚くほど心地良い。ベンチに腰かけるだけで「休む」ということの本質を教えられる。ぜひ、滞在先の近くを散策して、お好みのマイ公園を探してみたい。

Square Léopold-Achille

レオポルド・アシール広場

住 5, rue du Parc Royal 75003 Paris
駅 Saint-Paul（メトロ1番線）、Chemin Vert（メトロ8番線）
時 日照時間により異なる
€ 入園無料
なし

Jardin de l'Hôtel de Sens

オテル・ド・サンス公園

住 7, rue des Nonnains d'Hyères 75004 Paris
駅 Pont Marie（メトロ7番線）
時 日照時間により異なる
€ 入園無料
なし

進化大陳列館には実物大の剥製が展示されている。サバンナの動物たちの大行進は圧巻！

王立時代の面影残る広大な植物園

Jardin des Plantes

ジャルダン・デ・プラント（植物園）

自然史や植物が学べる憩いの場

セーヌ左岸にある「ジャルダン・デ・プラント（植物園）」は、1635年、ルイ13世の主治医が王立の薬草園を作ったことからその歴史は始まる。王族のための薬草を育てると同時に、薬草学や植物学上、科学史の要所となるよう、世界の植物が栽培される。1739年に植物園は整備され、王族の植物園から、自然科学や人類学の研究機関とするべく、園内に"Muséum National d'Histoire Naturelle（国立自然史博物館）"が作られた。

この博物館は、"Grande Galerie de l'Évolution（進化大陳列館）"、"Galerie de Paléontologie et d'Anatomie comparée（古生物学博物館）"、"Galerie de Minéralogie et de Géologie（鉱物陳列博物館）"および"Ménagerie（動物園）"から成り立っており、国立自然史博物館とはその総称。植物園内には他に、温室やバラ園、高山植物園などが点在しており、その規模の大きさ、そして科学史として重要な場所であることをあらためて感じさせる。
広大で緑の多い植物園は、地元パリジェンヌ・ママにとって、子どもと散歩するのにぴったりなコース。何も博物館や動物園に入らずとも、花や植物、由緒ある建築物を観察するだけでも楽しい。多くのパリジェンヌのように、早起きして子どもと一緒にジョギングするのも気持ちが良さそうだ。

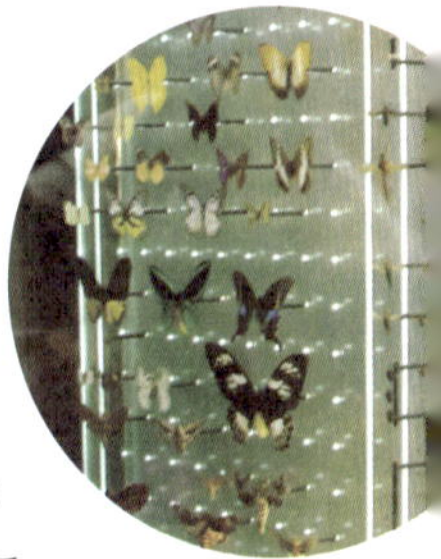

大人も子どもも圧倒されるコレクション

園内で迷っている親子に出会う。「田舎から来た姪っ子にパリを案内しようと思って来たの。植物園内の進化大陳列館が子どもにはとても興味深いわよ、と友人にすすめられて」。この進化大陳列館が、国立自然史博物館のメイン博物館となっている。
薄暗い館内は、まるで剥製の動物たちが迫って来るかのようだ。中央の吹き抜け部分が博物館の最大の見せ場となり、どの階からも、1階にある象を筆頭とするサバンナの動物たちの大行進が見られる。特に2階から見たときの大胆な空間構成は、強烈に脳裏に焼きつくに違いない。博物館全体では、地階から3階まで、6,000平方メートルの大空間に、哺乳類350匹、鳥類450羽、魚類100匹のコレクションを有する。
社会科見学で訪れる学生の集団の他、週末には親子の姿も多い。家族と訪れる子どもたち向けに、多くのプログラムが用意されている。一番参加しやすいのは、2010年10月に館内の一画にできた“Galerie des Enfants(子どものギャラリー)”だろう。年々子どもの入場者数が増えて来たため、環境問題に対する充分な知識を持たせることを目的に開設。剥製に触れることはできないが、ここは参加型の展示が多いのもあって、はしゃぐ子どもたちの姿で溢れている。植物園のオーステルリッツ駅側には、もうひとつ人気の博物館、古生物学博物館がある。1898年に公開されたアール・ヌーヴォー調の壮麗な館の中には、なんと「骨」が陳列されている。恐竜から始まり、哺乳類の骨格標本がずらりと並び、その迫力と斬新さは、大人や子どもたちをひたすら圧倒し続けている。

緑が豊かな植物園は散歩にぴったり。所々にベンチもあって、のんびりと過ごせる。

ジャルダン・デ・プラント内にある動物園

Ménagerie

メナジュリー（動物園）

植物園内を散策していたとしても、この存在を知らなければ、気づかずにその場を立ち去ってしまうに違いない。植物園の3分の1を占める55ヘクタールの土地に、世界最古のひとつと言われている動物園がある。1794年、革命家によって荒らされ、動物が逃げてしまった王立動物園に代わるものとして、ヴェルサイユ近辺の動物たちを集めたのがこの動物園の始まり。この2世紀を誇る伝統は、歴史的建造物に指定されている動物たちの館からも伝わって来る。非常に趣が深いので、建築散策もおすすめ。園内は、動物たちがあたかも自然の中で暮らしているかのような作りになっている。訪れる人々も、鳥がさえずり、自然が香るこの動物園を満喫しているようだ。

小学生が学校の社会科見学の一環として訪れることも多いが、親子連れでも賑わっている。パパやママが説明をすると、好奇心いっぱいに質問を返す子どもたち。デッサンをする子どもの姿もある。

哺乳類50種類、鳥類120種類、爬虫類50種類などなど、膨大な種類の動物が勢揃いするが、中には、モンゴルのモウコノウマのように絶滅の危機にさらされている動物も少なくない。一番人気はオランウータンだそう。「わ〜、毛がいっぱいある人間みたい」と子どもがママに言うのが聞こえる。どの動物よりも人間に近いことを子どもたちは感じるのだろう。最年長はNenette（ネネット）。1969年にボルネオで生まれ、1972年6月に入館して以来の人気者。オランウータン・ファミリーにはもちろん子どももいる。親にちょっかいを出して怒られて、悲しい顔をしてみたり、といったオランウータンの様子に、人間のパパやママも子どもに負けず、一喜一憂してしまうのである。

Jardin des Plantes

○ジャルダン・デ・プラント（植物園）

住 57, rue Cuvier 75005 Paris
駅 Gare d'Austerlitz（メトロ5、10番線）、Jussieu（メトロ7、10番線）
T 01 40 79 54 79
時 夏期7:30〜19:45、冬期8:00〜17:30
休 無休
€ 入園無料　日 博物館内のみ
http://www.mnhn.fr/

◎進化大陳列館 時 10:00〜18:00　休 火、5/1　€ 7ユーロ（26歳未満は常設展無料）
◎古生物学博物館 時 10:00〜17:00（土、日10:00〜18:00）　休 火、5/1　€ 7ユーロ（26歳未満は無料）
※鉱物陳列博物館は、2011年9月現在閉館中。

○メナジュリー（動物園）

時 夏期9:00〜18:00（日、祝9:00〜18:30）、冬期9:00〜17:00（日、祝9:00〜17:30）　€ 9ユーロ

均整の取れた広大な公園は「美しい」のひと言。王族になった気分と、ゆったりした日常が織り交じり、歴史を超えたくつろいだ時間が持てる。

観光客が知らないヴェルサイユの秘密エリア

Jardins et Parc de Versailles

ヴェルサイユ宮殿の庭園

庭園内は無料のピクニック・スポット

ヴェルサイユ宮殿は、もとはルイ13世が狩猟用に使った城。ルイ14世の指揮のもと、増改築を重ね、ほぼ今の形となり、1682年にはフランス宮廷と政府が城内に移された。18世紀、ルイ15世のフランス宮廷から始まった美術様式「ロココ」の栄華を極めた後、1837年に国王ルイ・フィリップの決定により、ヴェルサイユ宮殿は「フランスの全ての栄光に捧ぐ」歴史博物館として生まれ変わった。宮殿の豪華さもさることながら、ヴェルサイユ宮殿には美しく広大な庭園が広がっている。1661年からAndré Le Nôtre（アンドレ・ル・ノートル）氏によって整備された庭園は、均整の取れた典型的な「フランス式庭園」。ルイ14世自ら現場を監督し、「庭園案内の手引き」を書くほどの熱の入れようだったとか。それだけに、庭園の建設にかかった人手は宮殿をしのぐとも言われている。実はこの庭園は入園無料。普通の公園のように地元の親子が気軽に利用している。特にGrand Canal（グラン・カナル）と呼ばれるエリアは格好のピクニック場所。持参のサンドイッチを広げたり、園内の売店で買ったサンドイッチ、クレープ、アイスクリームなどを芝生の上で食べることができる。芝生に寝転んで読書をしたり、ジョギングをするフランス人もいる。宮殿を遠くに眺めながら過ごすのはこの上なく気持ちが良い。まるで王様にでもなった気分で庭園を楽しめる。豪華絢爛で知られるいつものヴェルサイユとは違うもうひとつの顔だ。

毎年、7月14日の「革命記念日」には、グラン・カナルのほとりで宮殿主催の大ピクニックが催される。ドレスコードは「白」。白い服装をして来ると、無料でピクニックに参加できるというフランスらしいイベント。ディープなパリを楽しみたい方にはおすすめだ。

マリー・アントワネットが愛した秘密の場所

他にも、ゆったりと過ごすことができる場所がある。

1774年にルイ16世からマリー・アントワネットに贈られた小トリアノン宮殿もそのひとつ。宮殿を含むマリー・アントワネットの離宮は、王妃が心の安らぎを見出した場所（いずれも有料）。本宮殿からもっとも遠く、許可がなければ王でさえも立ち入ることが許されなかったという。ここにはマリー・アントワネットの家の他、農場、酪農小屋、水車小屋などがあり、片田舎の風景そのもの。2006年に一般公開された領地は、親子での散歩にぴったりの場所だ。

王妃の農場ではパリジェンヌ・ママたちに連れられ、子どもたちが楽しそうに遊んでいる。動物を見ていた8歳のルイ君。なんと彼の誕生日は革命記念日の7月14日だそう。パパ、ママ、5歳の妹のアディールちゃんと一緒にやって来た。パパはヴェルサイユ宮殿に来たのは2度目だが、ママは初めて。みんなでマリー・アントワネットの愛した家や農場を見学中。育ち盛りのルイ君が「ママ、お腹がすいた」と訴えるも、ママはのんびりと庭園を散歩。きっと王妃になりきっていたのだろう。他方、グラン・カナルの側でアイスクリームを買ってもらって嬉しそうにしていたイヴァン君、サーシャちゃん兄妹とジュール君。イヴァン君とジュール君は7歳の学校友達。今日は二家族で遊びに来たのだそう。「歩き回った後に食べるアイスクリームはとっても美味しい」と子どもたちは満足そうだ。良く晴れた空の下、グラン・カナルを前にゆっくり過ごすひとときは、さぞ心地良いに違いない。

あまりに広大なため、全てを歩き回ることは旅行者には難しいかもしれない。とはいえ、混み合った宮殿内を歩くのとは、一味違うヴェルサイユが楽しめるだろう。自分たちのペースで散歩をすれば、ママもまさにマリー・アントワネット気分。愛する娘の「マリー・テレーズ」や、息子の「ルイ・シャルル」たちと一緒に、家族の楽しい思い出作りをしてみては？

イヴァン君、ジュール君、サーシャちゃん。「たくさん歩いたから、特別美味しいね」。園内の売店で買ってもらったアイスをペロリ。

Jardins et Parc de Versailles

ヴェルサイユ宮殿の庭園

住 Place d'Armes 78000 Versailles
駅 Versailles-Rive Gauche (RER C線)
時 4〜10月8:00〜20:30、
11〜3月8:00〜18:00
休 無休
€ 入園無料(イベント開催時を除く) 無料
http://jp.chateauversailles.fr/
※宮殿への入場は有料。

「小トリアノン宮殿」と「マリー・アントワネットの離宮」

時 4〜10月12:00〜18:00、11〜3月12:00〜17:30(チケット購入は閉館の40分前まで) 休 月
€ 10ユーロ(18歳未満、毎月第1日曜日は無料。ただし、イベント開催時を除く)

パリジェンヌ・ママの1日（平日）
～イザベルさんの例～

イザベルさん親子の日常とは

フランスでシングル・マザーの存在が当たり前となって久しいが、パリジェンヌ・ママのイザベルさんもその一人。彼女の生活は「時間に追われる毎日」だと言う。働きながら、愛娘のマエリスちゃんと2人で暮らしている。マエリスちゃんのパパはフランス西部の都市ラ・ロシェルに近いところに住んでおり、時折、学校のない水曜日にマエリスちゃんに会いに来て一緒に過ごす。休暇のときにはマエリスちゃんがパパのところへ行ってパパと一緒に過ごす。ただし、休暇でもノエルの日だけは別。イザベルさんとイザベルさんの実家の家族と一緒に過ごす。そんな親子の1日を追ってみた。

平日のスケジュール

7:20
目覚ましが鳴るものの、ベッドからすぐには出たくない。10～15分、ベッドでうだうだと余韻に浸るのが朝の楽しみ。しばらく布団にくるまっていたいところだけれど、自分を奮い立たせて朝食の仕度。

7:45
マエリスちゃん（7歳）を起こす。朝食を取り、学校、仕事へ行く仕度を始める。

8:00
マエリスちゃんは準備完了。「ママ、まだ～?」と毎朝急かされる。

8:25
自宅を出発。駆け足で学校へ向かう。幸いマエリスちゃんの学校は自宅から歩いて3分の距離。ぎりぎりセーフで滑り込む。マエリスちゃんを見送り、メトロとRERを乗り継いで会社へ出勤。保険会社の会計管理が彼女の仕事。

16:30
マエリスちゃんが下校する時間。「ヌーヌー」と呼ばれるシッターさんがマエリスちゃんを迎えに行く。イザベルさんが仕事から帰宅するまで、公園などでの散歩、おやつ、風呂、夕食の世話を頼んでいる。

18:00～19:45
イザベルさんが帰宅。軽く夕食を取ってからマエリスちゃんと一緒に宿題などを済ませる。

21:30～22:00
マエリスちゃんが就寝。
細々とした用事や、部屋の片づけをする。

24:00頃
イザベルさん就寝。

Bisou!

フランス人ファミリーの休日・バカンスの過ごし方

忙しいながらも、週末イベントは一種のステイタス

一般的にファミリーの中で週末が忙しいのは、やっぱりママ。
多くのママは働いているので、土曜日ともなると食料の買出しから用足しまで雑用がたくさん。子どもの稽古も土曜日に集中しているので、ママは送り迎えをしなければならない。さらに、宿題を見たり、子どもを外に連れ出したりと大忙し。それに加え、週末には社交的なプログラムもたくさんある。実家の家族とテーブルを囲むこともあれば、友人たちをアペリティフやディナーに招いたり招かれたり。「持ち寄り」で集まることもあるが、やはりホスト側は準備万端にしたい。料理だけでなく掃除や片づけ、飾りつけなどをして客人たちを迎える。

パリで一般的なアペリティフのメニューはと言うと、野菜スティックにディップ、チップス類、カナッペ、ちょっとしたつまみに飲みもの。食事の場合は、前菜、メイン、フロマージュ類にデザート。料理だけでもママの仕事は尽きない。とはいえ、週末にこういったイベントがあるのも一種のステイタス。中にはお呼ばれが多く、予約がなかなか取れないファミリーもいるほど。記念日などがある特別な週末には、子どもを祖父母たちに預け、パパとママとで旅行に出かけることもある。この日ばかりは、子どもたちから開放されて恋人時代に戻ってリフレッシュする。

いったいどれだけあるの？　フランスのバカンス

なんといっても、パリジェンヌ・ママたちにとって嬉しく、そして苦しいのがバカンスの数々。バカンスといってもいろいろある。フランスの始業式は4月ではなく9月だが、学校が始まってからすぐにVacances de Toussaint（秋休み、10月末～11月初、万聖祭を挟んで約2

On y va!

週間）がある。その後もVacances de Noël（ノエルの休暇、ノエルと元旦を挟んで2週間）、Vacances d'Hiver（冬休み、2月から3月にかけて約2週間）、Vacances de Pâques（復活祭の休暇、復活祭を挟んで3月から4月に約2週間）とバカンスは続く。復活祭の休みが終わると最長の休みVacances d'Été（夏休み、6月の終わりから9月初めまで）が始まる。いったいいつ勉強しているのかと不思議になるほど、とにかくフランスの学校制度にはバカンスが多い。働くママも法律で最低5週間の休暇が取れるが、さすがに子どもの休み全てにはつき合えない。ママたちの休みは、夏に4週間、冬か復活祭の休みに1週間というパターンが多いようだ。夏は海へ山へ、冬は「冬スポーツのお休み」とも言われるほど、スキーに出かける家族が多い。

ちなみに、ママが働いている間、休みの子どもたちはどうするかというと、実家のおじいちゃん、おばあちゃんのところへ行ったり、学校でさまざまなプログラムが用意される学童保育や、コロニー（Colonies de Vacances）と呼ばれる林間学校などに通うのが一般的。

ところで、フランスは離婚率が高い国である。特にパリ近郊の離婚率は、50パーセントを超えると言われている。つまり2人に1人は離婚経験者ということになる。そんな事情もあって、両親別居の子どもたちも珍しくない。子どもたちは、大抵ママと一緒に暮らし、隔週末、パパのところで過ごすことが多い。金曜日、着替えなどを学校道具のカバンに無理やり詰めて登校し、帰りはパパの元へ。週末を過ごして日曜日の夕方に帰宅する。いつも一緒に住んでいない分楽しみたいところだが、なんとなくギクシャクしてしまうものらしい。子どもたちは彼らなりに頭の痛い問題を抱えている。そんな状況がフランス人を世界でも世渡り上手で、社交的な国民に育てているのだろうか。

Chapitre 2

親子で本物のアートや文化に触れられるアドレス

フランスは、アートや文化への教育に力を入れている。美術館や博物館には専門のスタッフが必ずいて、分かりやすく説明してくれるし、子ども向けのアトリエ（ワークショップ）も、実に数多く開催されている。パリジェンヌ・ママも、積極的にミュージアムや文化施設に子どもを連れて行き、感性を磨かせる。旅行者にとっても、パリはさまざまな芸術や文化に気軽に触れられる街だ。博物館にギャラリー、アパルトマンや教会などの建築物にモニュメント、老舗ショップやマルシェなど。まさに、芸術と文化の宝庫。パリに来たら、まずはママが好きなアート作品や展示物などを子どもと一緒に見に行ってみよう。そして、感想をお互いに話し合ってみよう。芸術や文化を通して親子のコミュニケーションが深まる。そんな贅沢もパリ滞在の醍醐味。

02

Guide touristique de Paris pour mamans et enfants

Adresses où les enfants peuvent découvrir l'art et la culture

P.30-49

親から子への素敵な贈りもの

Musée du Louvre

ルーヴル美術館

パリジェンヌ・ママたちのアート教育はハイレベル

フランス最大の広さを誇るルーヴル美術館。誰もが見たい『モナ・リザ』や『ミロのビーナス』の前には常に黒山のような人だかり。特に夏・冬のバカンス・シーズンは作品に近づくこともできないほどだ。子どもたちが押しつぶされないよう要注意。たしかに、『モナ・リザ』と『ミロのビーナス』は必見だが、ここは世界のルーヴル！　作品はそれだけじゃない。絵画、彫刻、何を取っても一流のものばかり。パリジェンヌ・ママたちは、そのことをしっかりと心得ている。

パリのママたちは子どもをよく美術館に連れて行く。ただし、作品を見せるためだけではない。一体何のため？　それは、子どもたちに「美術館を好きになってもらう」ため。フランス人にとって、アートは人生の基本。美術館に通うことは、すなわちアートを身につけるための第一歩なのである。もちろん、ママたちのアートに対する意識も高い。作家、作品、美術館について、子どもにきちんと説明しなければならない。そのため、下調べをしたり、Guide Multimédia（音声ガイド）をレンタルしたりと熱心だ。子どもに興味を持たせるには、ママの力量によるところが大きい。

数々の巨匠の作品を前に、子どもたちが自由に写生やデッサンできるのは、さすがアートの国。

とはいえ、毎日仕事で忙しいパリジェンヌ・ママたち。奥の手を使うこともある。フランスの美術館や博物館でたいてい行われているアトリエ（ワークショップ）だ。各館いずれも特徴のあるプログラムが組まれている。特に人気なのが、ここルーヴル美術館のアトリエ。フランス語使用者だけにしか開かれていないが、「子ども向け」「大人向け」「家族向け」と3つのカテゴリーで4か月ごとにプログラムが用意されている。館内の彫刻と同じポーズを取ってみたり、絵の模写をしてみたり、絵を描きながら旅日記を作ってみたり、と内容を読むだけでも面白い。参加費用は9ユーロととにかくリーズナブル。アトリエの14日

あまりに大きく、あまりに有名な作品が目前に！
親子で絵について話し合うのも楽しい。

前から申し込みができるが、すぐ満員になってしまうのが悩みの種だ。
また、毎月第1日曜日に多くの美術館が入場無料になるのを利用して、美術館巡りをする人もいる。ママたちがしっかりしているのは、どこの国も同じだ。

ルーヴルの巨匠や学芸員が美術の先生

フランスでは、学校教育の始まる幼稚園の年少から、社会科見学で美術館や博物館を利用する。驚くのは、年少であっても、きちんと「テーマ」を持っていること。「中世」「社会を作る建物」「水のしずく」などなど。テーマは学年の初めに担任の先生が決める。1年間を通じて、このテーマをもとに、いろいろな角度から物事を学び、考える。そして、子どもたちがそのテーマを意識できるようになって来たころ、美術館や博物館を見学する。担任の先生が学芸員と話し合い、テーマに沿った見学を企画する。例えば、ダ・ヴィンチの作品を前にして写生することもあるのだが、巨匠が実際にどんな技法を使ったのかを学芸員がアドバイスしてくれる。ルーヴル美術館に陣取って、ダ・ヴィンチ先生の作品を前に、アートのスペシャリストから直接学べるとは何とも贅沢な美術教室ではないか。

ところで、美術館や博物館併設のカフェは、パリジェンヌ・ママのお楽しみのひとつでもある。ルーヴル美術館の回廊にあるカフェなどは友達同士の気軽なランチやちょっとした待ち合わせに最適。プティ・パレやケ・ブランリーといった美術館のカフェもママたちの間で人気だ。美しい建物に囲まれて、美味しいカフェ・オ・レを飲みながらのおしゃべり。これぞ、パリならではの贅沢な時間。

天井にも芸術が。建物自体にも
歴史と美が感じられる。

フランス最大の広さを誇るだけあって、館内は広大。子どものペースで歩くように心がけたい。ときどき座って休憩も。

Musée du Louvre

ルーヴル美術館

住 Rue de Rivoli 75001 Paris
駅 Palais Royal-Musée du Louvre
（メトロ1、7番線）
T 01 40 20 50 50
時 9:00〜18:00（月、木、土、日）、
9:00〜21:45（水、金）
休 火、1/1、5/1、12/25
€ 常設展10ユーロ

※7/14（フランス革命記念日）と毎月第1日曜日は、常設展の見学無料
※音声ガイドは6ユーロ（一般）、2ユーロ（18才未満、障害をお持ちの方）
※アトリエは基本的にフランス在住者が対象。 http://www.louvre.fr/llv/commun/home.jsp?bmLocale=ja_JP

五感を使って親子で体験学習ができるアドレス

Palais de la Découverte

パレ・ド・ラ・デクヴェルト（科学技術博物館「発見の殿堂」）

あらゆるテーマについて、体を動かして実験ができる

「ねずみの歯は1年間に14センチ伸びる」そうだ。ねずみが硬いものを食べるのは、その伸びた歯をすり減らすため。Grand Palais（グラン・パレ）内にある「発見の殿堂」ではそんなことを教えてくれる。
グラン・パレは1900年のExposition Universelle（パリ万国博覧会）の折に、Petit Palais（プティ・パレ）、Pont Alexandre III（アレクサンドル3世橋）とともに、広大な計画のもと作られる。発見の殿堂は、1937年にグラン・パレの西側半分のアネックスを含めた25,000平方メートルを割り当てられ、「現代生活における芸術と技術展」の一部として設立されたのが始まり。「発見の殿堂」と名づけられた展覧会は、1926年のノーベル物理学賞を受賞した物理学者、Jean Perrin（ジャン・ペラン）氏と、Paul Langevin（ポール・ランジュヴァン）氏の功績によって、1937年の5月から11月の終わりまでに来場者数222万人という大成功を収める。翌年、グラン・パレ内に常設展示として設置する、という政府の決定により、科学技術博物館として新たに開館した。
館内に一歩足を踏み入れると、ガラス張りの丸天井と、美しいアール・デコのモザイクの床が宮殿のように美しい。この丸天井を中心に、5つの展示ゾーン（オレンジ、グリーン、ブルー、赤、紫）が2つの階に渡って広がっている。常設展はAstronomie（天文学）、Chimie（化学）、Géosciences（地質学）、Mathématiques（数学）、Physique（物理学）、Sciences de la vie（生物学）の6つの分野で展開されている。子ども向けの企画展が多く、実際にものに触れ、五感を使って勉強できる展示が多いのが特徴だ。
例えば、中心の丸天井の下、日

豪華な彫刻が美しい丸天井から日光がさんさんと降り注ぐ。科学技術博物館とは思えない荘厳さだ。

本で言うところの2階にある“Eurêka (ユリーカ)”と呼ばれるゾーンには、物理学の実験を体験できる機械がある。ヨーヨー、天秤、てこの原理の仕組みなど、自分の体を動かして実験ができるので子どもたちも大喜び。
こんなゲームのような実験もある。長さの違う、うねった3本のレールに3つのゴムボールをそれぞれセット。レールの前には「一番早くレールの端に辿り着くのはどれか?」という質問が書いてある。ボタンを押すと、ボールが実際にレールを渡り出す(その答えは、現地でお確かめあれ)。

パリジェンヌ親子が真剣に学ぶアトリエの数々

どの実験も楽しく、大人も子どもも熱心に取り組んでいる。
答えや結果を実体験として「発見」できるというのが誰にとっても嬉しいようだ。そのため館内は連日、パリジェンヌ親子たちでいっぱい。プラネタリウムの他、実物大の迫力ある恐竜も人気。また、1日に約40のアトリエや勉強会が開かれ、時間さえ合えば誰でも自由に参加できる(一部追加料金有)。アトリエや勉強会のプログラムは毎日変わる。プログラムの詳細は、チケット購入時にもらうこともできるし、所々に設置されたスクリーンでも見られる。
実際に、“L'École des Rats (ねずみの学校)”の勉強会に参加してみたところ、ねずみのことをいろいろ知ることができた。ねずみというと、どちらかというと敬遠されがちだが、実は賢い動物だそうだ。例えば、リンゴの匂いのついた指でねずみを触ると、ほとんど目の見えないねずみはリンゴだと思って噛みつき始める。ところが、リンゴではないと分かった途端に、噛みつくのをやめるそうだ。このような「発見」を、担当スタッフが子どもたちに質問しながら答えを引き出して行く。参加した親子は真剣そのもの。特にママたちは、自分の子どもが普段どんな様子で学校の授業に参加しているのかが垣間見られるので、わが子の答えにホクホク笑顔。発見の殿堂とは良く言ったもの。より多く「発見」するのは、子どもではなく親たちの方かもしれない。
この博物館には普段は思いもよらない発見が詰まっている。体験型なので、フランス語が分からなくとも十分楽しめる。親子揃って1日かけて遊んで学べるスポットと言えるだろう。

生物の生態などを学ぶパリジェンヌ親子たち。新たな発見に、ママの方が驚くことも。

「ユリーカ」にある実験道具で遊ぶ姉妹。意外な発見もあり、大人も子どもも楽しめるゾーンだ。

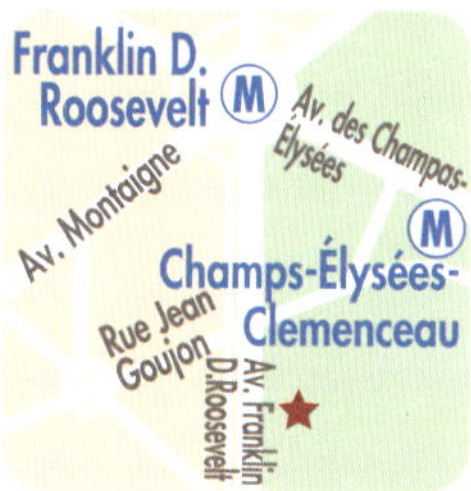

※アトリエ、勉強会はフランス語のみ。
http://www.palais-decouverte.fr/

Palais de la Découverte

パレ・ド・ラ・デクヴェルト
（科学技術博物館「発見の殿堂」）

住 Avenue Franklin D. Roosevelt 75008 Paris
駅 Franklin D. Roosevelt（メトロ1、9番線）、Champs-Élysées-Clemenceau（メトロ1、13番線）
T 01 56 43 20 20（音声案内）、01 56 43 20 21（受付）
時 9:30～18:00（火～土）、10:00～19:00（日、祝）
休 月、1/1、5/1、7/14、8/15、12/25
€ 一般：7ユーロ、18歳未満・60歳以上・学生：4.5ユーロ、5歳未満：無料
プラネタリウム：＋3.5ユーロ、
アトリエ：＋1.5ユーロ

ものの起源に出合い探究心を刺激する

Musée des Arts et Métiers

パリ工芸博物館

上:クレマン・アデール氏の飛行機。下:自由の女神を建築している様子を再現。

修道院を利用して作られた博物館

メトロ駅Arts et Métiers(アール・ゼ・メティエ)の階段を上ると目の前に見える教会がEglise Saint-Martin des Champs(サン・マルタン・デ・シャン教会)。この教会を含めたかつての修道院一帯が博物館となっていると聞けば、遺産をこのように利用するフランス・カルチャーのセンスの良さに驚かされる。ArtsはアートMétiersは職を意味し、カトリックの神父Henri Grégoire(アンリ・グレゴワール)氏の提唱により、科学と産業の振興のための教育機関、「フランス国立工芸院」が保管する工芸作品や資料を展示する場所として1794年に設立。「工芸」という響きに、どこか素朴さがつきまとっていたが、1990〜2000年の大改造でテクノロジーの進化を追求する、理解しやすい魅力的な博物館として生まれ変わった。

博物館のスタッフのところを訪れると、彼女の8歳になる息子が来ていた。フランスで良くあるのが、子どもの休日やバカンス時に、親の仕事を手伝うこと、親の仕事場で時間を過ごすことだ。彼に「この博物館を庭のように楽しんでいる君が、もっとも好きな場所に連れて行って」と頼むと、笑顔いっぱいに「L'avion(飛行機)!」と答えて、フランスの発明家、Clément Ader(クレマン・アデール)氏の最初の飛行機へと導いてくれた。1897年の発明品だが、実際は50センチしか飛行しなかったそう。高いところに展示された飛行機に対して、「この飛行機は今までになく高く飛行しているのよ」とスタッフ。このファンタスティックな飛行機との出合いは、子どもだけでなく大人も満足できるはず。

「自由の女神」の知られざる逸話

この博物館では、「器具、物質、建築、通信、エネルギー、機械、輸送」と7分野に展示が分かれている。日本語の有料オーディオ・ガイドも大人用、子ども用があって、誰でも展示内容を十分に理解できるのが嬉しい。
順路に沿って見学をし、最後がサン・マルタン・デ・シャン教会内の展示となり、最大の見ものがここに集結する。天井の高い教会建築を活かした「フーコーの振り子」、1873年にパリを初めて横断した自動車、そしてアメリカの独立記念にフランスが贈呈した「自由の女神」の縮小版が展示されている。実は、ここにある小さな女神を参考に、拡大のテクニックを駆使して贈りものとなる「自由の女神」が作られたのだという。イメージは彫刻家Bartholdi（バルトルディ）氏が、内部の鉄鋼はかのEiffel（エッフェル）氏が担当。バルトルディ氏が生前希望した通りに、自由の女神建設のための資料は全て博物館に保管されているそうだ。「頭部ができ上がった段階で、財政の問題を解決するために万博にて一般公開され、像の頭部の中に入るという催しをして大成功だった」といった逸話も聞くことができた。
1階のカフェ＆レストランも親子に人気。特に博物館入場券＋ブランチで21.5ユーロという日曜日限定のコースがおすすめだ。

サン・マルタン・デ・シャン教会内。天井の高い教会建築をうまく利用し、興味深い展示室となっている。手前がフーコーの振り子。

オーディオ・ガイドはさまざまな言語に対応。

Musée des Arts et Métiers

パリ工芸博物館

住 60, rue Réaumur 75003 Paris
駅 Arts et Métiers（メトロ3、11番線）
T 01 53 01 82 00
時 10:00～18:00（火、水、金～日）、10:00～21:30（木）
休 月、祝
€ 一般:6.5ユーロ、学生:4.5ユーロ、18歳未満:無料（毎月第1日曜日と木曜日の18:00以降は無料）
http://www.arts-et-metiers.net/

実物大のレプリカが貴重なアートに

Cité de l'architecture et du patrimoine

建築・文化財博物館

パリ万博が生み出した博物館の殿堂

歴史を物語る建造物に溢れ、ルーヴル美術館に行けば本物の『モナ・リザ』があり、オルセー美術館に行けばゴッホやルノワールの本物の絵画に出合えるパリ。「本物」を目前にできる素晴らしさ、これもたしかにパリの魅力だ。
エッフェル塔からセーヌ対岸に、翼を広げたようなロココ調の優雅な宮殿、シャイヨー宮がそびえ立っている。エッフェル塔は1900年の万博、このシャイヨー宮はそれより前の1878年の万博にてお披露目された。シャイヨー宮はその後、1937年の万博時に大きくリノベーションをし、万博パビリオンとして大活躍。現在では「博物館の殿堂」と呼ばれるように、南翼には国立海洋博物館と人類博物館、そして、東翼には、シャイヨー国立劇場と、「建築・文化財博物館（旧フランス文化財博物館）」が揃う。ここで紹介する建築・文化財博物館は、先に話した「本物」とは逆に「100パーセント複製」の驚異的な博物館である。ロマネスク、ゴシックの傑作を複製という形で残そうという働きがこの博物館の基礎になっている。

この博物館を訪れたら、次の3つの彫刻を探してみよう。
1「臭いぞ、臭いぞ」 2「眠いよ〜」 3「痛たた、歯が痛いよ〜」。

フランス各地の彫刻が集結

1階エントランスからいきなり、ロマネスクを代表とするモワサックのサン・ピエール教会の正面入口や、ランスのノートルダム大聖堂の『微笑みの天使』などの有名な建物や彫刻の一部が見られる。フランス全土を訪れなくとも、この博物館で著名な彫刻に出合えるとは感慨も深く、この国の威力を感じる。しかも実物大であること

左：深紅の壁に映える彫刻たち。左側には美しいランスの『微笑みの天使』がある。右：興味津々の子どもたちは展示物に近づき、じ～っと観察。

は特筆に値する。これらの教会のレプリカの中で、特に気になるのが「彫刻」だ。キリスト教の世界が刻まれた「聖書彫刻」は理解不能なものも多いが、人や動物の表情などを見るだけでも大いに楽しめる。
フランスが誇る文化遺産そのままの姿を見られるとあって、学校のプログラムでやって来る子どもたちも多い。貴重な作品群を前に感嘆する大人をよそ目に、子どもたちは、素直な感想を言い合いながら自国の歴史や文化を学んで行く。
2階は、近現代へと移行する。ここはさすがに模型が展示されるが、突然モダンなギャラリー風の空間となり、中世から現代へタイム・トラベルをした気分になる。ここでは、Jean Nouvel（ジャン・ヌーヴェル）氏やLe Corbusier（ル・コルビュジエ）氏を筆頭に近現代建築に触れることができ、特にル・コルビュジエ氏に関しては、あのマルセイユの"Unité d'Habitation（ユニテ・ダビタシオン＝集合住宅）"の一部の実物大見本があり、空間を体感できるのも魅力。最後は「フレスコ画のギャラリー」と称する中世時代の教会などの実物大のフレスコ画や壁画が見られ、ここまで来ると、ただただ複製のテクニックに感嘆するばかり。
ところで、1900年のパリ万博に向けて建築されたあのパリのシンボルの姿が館内に見当たらない。なんと、館内のあらゆる場所から、本物のエッフェル塔が見られるのだ。これは博物館の思惑だろうか。

Cité de l'architecture et du patrimoine

建築・文化財博物館

住 1, place du Trocadéro et du 11 Novembre 75016 Paris
駅 Trocadéro（メトロ6、9番線）
T 01 58 51 52 00
時 11:00～19:00（月、水、金～日）、11:00～21:00（木）
休 火、1/1、5/1、12/25
€ 一般：8ユーロ、18歳未満：無料（毎月第1日曜日は無料）
http://www.citechaillot.fr/

大人も夢中になるユニークな博物館

Musée de la Magie

マジック博物館

5歳のころからマジシャンを目指していたオーナー

マレ地区のヴィラージュ・サン・ポール（P.48）の一画に、まるで近隣の骨董屋と同じように佇む「マジック博物館」。赤いファサードの小さな外観からはまったく想像できない空間が階段の下に広がり、このファサードからすでにマジックは始まっている。「この場所を見つけたとき、水が浸水していて、真っ暗で堪え難いものだったんだ。改装には年月を費やしたね」と語るのはマジック博物館のオーナー、ジョルジュ・プルーストさん。「この場所のオリジナルはね、Caravansérail（隊商宿）だったんだ。12世紀のフィリップ・オーギュストの時代、この辺りにはパリを囲む城壁があって、夜にパリに着くと城壁の門が閉まっている。そこで、このカーヴの中で夜を過ごして、翌朝、同伴した動物たちとともに、門からパリの中に入って行ったんだ」。なんという歴史だろうか。館内は天井が低く、石によって作られたアーチがあり、細い通路が、まるで迷路のように続く。

それでも博物館としてのオープンは1993年というから、決して古くはない。「僕の情熱は、5歳のときに手品ショーを見て以来、マジシャンになることだったんだね。だから、教職を辞めて、プロのマジシャンになった。70年代から12年ほどね」。マジシャンとして日々を過ごしながらも、「マジック博物館」を作る

左上：貴重なコレクションの数々。左下：マジックミラー。右：驚きと笑いの手品ショー。英語を交えてくれることも。

ことを夢見た。彼が膨大なマジック関連オブジェのコレクターであることからも、その熱意はうかがえる。どうやら世界でも有数のコレクターらしい。

親子で参加できる手品ショー

階段を降りると左が"Musée des Automates（自動人形博物館）"、右が"Musée de la Magie（手品博物館）"となっている。アンティーク感たっぷりの自動人形は、大人も楽しめる優れもの。ボタンを押すと動くので、子どもも大喜び。手品博物館では、頻繁に行われる手品ショーが最大の見もの。子どもたちは最前列に並び、大人がまわりで見守っている、と思いきや、大人も手品に参加して大いに楽しんでいる。この博物館のスタッフはみんなプロのマジシャン。人を楽しませることに長けている。手品グッズを売るブティックでは、ろう人形と見紛う姿のスタッフによる実演販売が行われ、ときに、彼が手動人形を演じたり、と驚き満載。

プルーストさんは、同業の手品師に敬意を示しており、19世紀の伝説的マジシャンであり、近代マジックの改革者と言われるRobert-Houdin（ロベール＝ウーダン）氏の所持品や資料なども展示している。当初は一般公開していなかったが、周囲の人に熱望されてオープン。「一般公開と同時に多くのジャーナリストが訪れ、記事を書いてくれた。そのおかげで、瞬く間に多くの人が訪れる博物館となったんだ。いつも違う孫を連れて何十回も来てくれるマダムもいるよ」。そのマダム本人も、マジック博物館のファンに違いない。

「才能ある芸術は、人生の中で何よりも大切な、幼少期へ継承されるべきものである」。プルーストさんは、マジシャンとしての魂を込めて、ジャン・コクトーの詩より引用したこの印象深い言葉を投げかけてくれた。

Musée de la Magie

マジック博物館

住 11, rue Saint-Paul 75004 Paris
駅 Saint-Paul（メトロ1番線）
T 01 42 72 13 26
時 14:00〜19:00
休 月、火、木、金
€ 大人：9ユーロ、3〜12歳：7ユーロ
http://www.museedelamagie.com/

子どもたちが大興奮の水族館

Palais de la Porte Dorée - Aquarium Tropical

熱帯水族館

南国の雰囲気にママたちもバカンス気分!?

パリの東、ヴァンセンヌの森近くのポルト・ドレ宮殿内に「熱帯水族館」はある。誕生のきっかけは、1931年の国際植民地博覧会。植民地の水生生物の生態を一般紹介するために作られた。建物はアール・デコのファンにはたまらない、建築家Albert Laprade（アルベール・ラプラド）氏によるもの。建物正面の壁面には彫刻家Alfred Janniot（アルフレッド・ジャニオ）氏による動物のレリーフが施され、これらだけでも一見の価値あり。どんな魚や動物がいるのかと想像するだけでもワクワクする。

一歩水族館へ足を踏み入れると、熱帯にあるような、むっとした空気に包まれる。薄暗い中を進むと、あちらこちらに水槽が浮かび上がって来る。日本の最新技術を使った水族館とは違い、水中遊園地的な要素はまったくないが、アナログで昔懐かしい雰囲気。まるで、南の島の小さな水族館にトリップしたような気分になる。パリジェンヌ・ママたちもここがパリだということなどすっかり忘れて、バカンス気分ではしゃいでいる。

子どもたちは水槽に張りつくようにして海の中の世界の魚たちを見ている。レトロで異国情緒たっぷりの水族館は、ママも南国気分が高まる。

館内にはアフリカ、アジアそれぞれのゾーンに、サメ、ワニ、ピラニアを始め約300種、5,000匹もの魚や動物がいる。熱帯水族館らしく、映画『ファインディング・ニモ』（原題：Finding Nemo）に登場する「ニモとその仲間たち」のような色とりどりの魚がいるため、訪れた子どもたちは大興奮！　水槽に張りついて見ている。水槽が低い位置にあったり、高い水槽には踏み台があったりと、子どもたちの背丈を考えたレイアウトはママたちにも好評。

専門スタッフによる子ども向けレクチャー

旅行者向けではないが、水族館では子ども向け、大人向けのさまざまな教育的プログラムが用意されている。子どもだけでなく大人用のプログラムもあるところが、いかにも大人の国フランスらしい。例えば、平日の昼間は幼稚園や小学生のグループが先生に連れられてやって来る。年齢に合わせた1～2時間のプログラムでは、魚の生態や特徴などを子どもにも分かりやすい言葉で説明してくれる。ちょうど水族館を訪れていた小学校1年生のグループのトーパン先生に話しを聞くことができた。先生によると「子どもの目線で水の中に住む動物を見られるところが素晴しい。それに、スタッフの説明も本当に分かりやすくて、子どもたちも理解しやすいと思うわ。例えば、タツノオトシゴはママではなくパパが子どもの面倒を見るとか、口をストローのようにしてプランクトンを吸いこみながら食べているとか。これは子どもでも分かる言い方よね」とのこと。一緒に来ていた小学生、ロマン君のパパも、ここを訪れるのは今回で2回目なのだとか。「何度来ても子どもが楽しそうに魚を見ているのが嬉しいね。子どものペースで見られる水族館だから、こっちものんびりできるよ」と話す。魚が大好きなのはフランス人も日本人も変わらない。
親子でのんびりとパリの休日を堪能するのにはぴったりのアドレスだ。

Palais de la Porte Dorée - Aquarium Tropical
熱帯水族館

住 293, avenue Daumesnil 75012 Paris
駅 Porte Dorée（メトロ8番線）
T 01 53 59 58 60
時 10:00～17:15（火～金）、
10:00～19:00（土、日、祝の一部）
休 月
€ 一般：4.5ユーロ（特別展示期間中 6.5ユーロ）、
ファミリー：6ユーロ（特別展示期間中 8ユーロ）
※専門スタッフによるプログラムは
基本的にフランス在住者が対象。
http://www.aquarium-portedoree.fr/

セーヌ川の岸辺に現代アート。パリならではの風景だ。この彫刻はエチエンヌ・マルタン氏の作品。

無料で野外アートに触れられるアドレス

Jardin Tino-Rossi

ティノ・ロッシ公園（パリ市立野外彫刻美術館）

野外に点在する現代アートの数々

セーヌなしにはパリは語れない。四大文明の発展と同じく、パリの街もセーヌ川によって育まれて来たことは興味深い。セーヌから見る街並みは美しく、それ自体がひとつの美術館のようだ。長い行列を作って美術館に行かずとも、岸辺をそぞろ歩けば、青空アートに触れることができる。しかも、文化財クラスのアートに！
そのひとつが左岸にある「ティノ・ロッシ公園」だ。この公園は、Pont de Sully（シューリー橋）からPont d'Austerlitz（オーステルリッツ橋）の間の岸辺、Quai Saint-Bernard（サン・ベルナール岸）にあり「パリ市立野外彫刻美術館」の名でも知られている。
1975年から1980年にかけて作られたティノ・ロッシ公園は、31,612平方メートルという広大な広さを誇る。園内の所々に、Bernard Pagès（ベルナール・パジェス）氏、Etienne-Martin（エチエンヌ・マルタン）氏、Augustin Cardenas（アグスティン・カルデナス）氏など、フランスの現代アートを代表するアーティストたちの作品が無造作に展示されていて驚く。公共の公園なので入場料無料、しかも園内には夜間も入ることができるとあって、ここを利用するパリジャン・パリジェンヌは多い。特に週末の昼間は、セーヌ川を見ながらジョギングやサイクリング、家族連れのピクニックを楽しむパリジェンヌ・ママたちがやって来る。Batobus（バトビュス）という水上バスの発着所のひとつにもなっており、近づいて来る船に小さな子どもたちは大はしゃぎ。5月から9月の期間は、19時から夜中までサルサ、ロック、タンゴなどの野外ダンス・フロアが出現する。無料で楽しめる夜空のもとでのダンス・パーティーは、老若男女問わず地元の人に人気。

知らず知らずアートに触れ美的感覚が磨かれて行く

この公園に限らず、セーヌ川の岸辺は様々な顔を持っている。川に沿って、パリ市庁舎、ノートルダム寺院、コンシェルジュリー、ルーヴル美術館、オルセー美術館、エッフェル塔など、歴史的建造物に出合うことができる。また、公園とは反対側の右岸では、毎週日曜日に車道が通行止めになり、歩行者や自転車などの遊歩道となる。そうなるとパリジェンヌ親子たちもこぞってやって来る。散歩しながら、学校での出来事、友達のこと、スポーツのこと、習い事のことなどを話しつつゆっくりと散歩を楽しんだり、自転車やキックボード、ローラーブレードの練習に励むパリジャン・ファミリーがたくさんいる。2011年に10周年を迎えた人工の砂浜Paris Plages（パリ・プラージュ）も人気だ。

セーヌ川沿いは、アートやカルチャーとの出合いの場所であり、親子の団欒の場所でもある。パリっ子たちは日常生活の中で自然に美的センスを身につけて行くのだ。

無造作に置かれているが、実はベルナール・パジェス氏の作品。もちろん、触れることも可能。

Jardin Tino-Rossi

ティノ・ロッシ公園
（パリ市立野外彫刻美術館）

住 8, quai Saint-Bernard 75005 Paris
駅 Jussieu（メトロ7、10番線）
時 24時間開園
休 無休
€ 入園無料
なし

"Pièce Unique (一点もの)" が見つかるアンティーク街

Village Saint-Paul

ヴィラージュ・サン・ポール

アンティークが集まる小さな村

パリのど真ん中にアンティーク街があることは、あまり知られていない。ここ「ヴィラージュ・サン・ポール」では、良質な掘り出しものが見つかると評判だ。1979年、「地域活性化」「ライフスタイルの創造」「発展」を目的に、この界隈の商店に加え、古美術品、骨董品、工芸品を扱う約80軒が登場した。以来、個性的なオーナーたちにより「ヴィラージュ（村）」は守られている。店主たちに共通するのは商品への愛。ひとつひとつにちゃんとストーリーがある"Pièce Unique（一点もの）"。美術館の展示品とはまた違った本物のアートだ。実はここは、オーナーたちにとって生活の場でもある。だから、住人と住人の近所づき合いもある。この人間臭さも子どもと訪れる場所としておすすめしたいポイントだ。

パリジェンヌ・ママたちに人気の6ショップ

ここでママたちに人気の6つのショップを紹介しよう。まずは日用雑貨店"E.W.（ウー・ドゥブルヴェ）"。店主のエドワルドさんは「だまし絵」を描くデコレーター。持ち前の色彩感覚とエスプリを取り入れてエドワルド・ワールドを作り上げている。続いて19～20世紀のアンティークを扱う店"LIMASELECT（リマセレクト）"（写真②）。人形に始まり、三輪車、ランプ、古本の他、なんと明治時代の和箪笥やかんざしなども扱う。オーナーのクロードさんは日本に店を持っていたこともあり日本語が堪能。

19世紀の宝飾を扱う店"Chrysolite（クリソリット）"。カメオ、ブローチ、ネグリジェ（長さの違うペンダントつきネックレス）など、19世紀のショー・ウィンドウにはユニークな宝石が並ぶ。女店主クリスチャンさんのお気に入りはSaint Esprit（サント・エスプリ＝精霊）と呼ばれる、オーベルニュ地方に伝わる組み合わせ式の宝石。留め金をはずすとブローチがピアスに変わる。最近は、"Pièce Unique"

村の中庭は楽しい遊び場。ママが物色に夢中でも、子どもは飽きない。

左：ベティーナさんのアトリエ。右上：リマセレクトの店内。子どもの興味を引くものがたくさん。右下：アクアマリーニのアクセサリー。

を好む若者が、婚約や結婚の記念品としてリングを買いに来るそうだ。ニュールンベルグ出身の画家、ベティーナさんは小さなアトリエ（写真①）を営みながら、人体を表現するアートに取り組んでいる。ポーズの違う人体を3段に重ねることで動きを出す「スーパー・ポジション」と呼ばれる作品を考案。ママでもある彼女は、学校のパーティーの飾りつけでも一役買っているそう。銀器が美しい店“Mandarine（マンダリン）”（写真④）の店主は、マリーさんとパトリスさん夫婦。アール・デコの時代のものを修復して見事な家具やランプなどを蘇らせる。淡水パールや半貴石を使ったアクセサリーを作る“Aquamarini（アクアマリーニ）”（写真③）のパメラさんは、画家の父譲りの審美眼と、自らの歯科技工士としての技術を駆使して、アクセサリーを創り出す。こだわりは「ラッキー・セブン」。彼女のアクセサリーには「7」の数字が隠れている。

この他にも個性的な店が並ぶヴィラージュ・サン・ポール。中庭も美しく、買いもの目的でなくとも、親子で散歩をするのにもぴったり。この村にはパリの喧騒とは無縁の、人情と静寂、そしてこだわりのアートがある。

マンダリン店内の商品棚。

Village Saint-Paul

ヴィラージュ・サン・ポール

住 Rue Saint-Paul 75004 Paris
駅 Saint-Paul（メトロ1番線）
時 11:00〜19:00
休 火、水
http://www.village-saint-paul.com/

パリの幼稚園の先生にインタビュー

フォーマノワ校長

フランスの幼稚園はどんなところ?

パリ15区の幼稚園 "École Maternelle Chambon (エコール・マテルネル・シャンボン)" で校長を務めるフォーマノワ先生。ひょんなことから教育に携わり、早40年の時が流れた。母国フランスを始め、ドイツ、カナダ、アメリカ、スペイン、イタリアと、国内・国外の学校でも教え、1998年、現在の幼稚園の校長に就任した。校長になる前は、(日本式で言うならば) 下は幼稚園の年少から、上は中学3年まで全ての学年の担任を受け持った稀有な経験を持つ。これはフランスでも大変珍しいこと。

フランスの幼稚園は、母国語で "École Maternelle (エコール・マテルネル)"。エコールは「学校」の意味。つまりフランスの幼稚園は学校教育の中に含まれる。通うのは日本の幼稚園と同じ、3~5歳の子どもたち。

授業は8時半~11時半、13時半~16時半の間に行われる。授業開始の10分前に学校入り口の扉が開く。「ボンジュール」のかけ声とともに扉番をしているのは、管理人のロザリーさん。どの学校でも「管理人さんなしには何事も始まらない」と言われるが、彼女も校長先生の右腕的存在。下校時に子どもたちが、ちゃんとママもしくは迎えの人と一緒にいるかどうかもしっかりチェック。校長先生も朝の登校時、夕方の下校時にはロザリーさんと一緒に門に立つことにしている。

フランスの学校教育は日本と同様、文部省が決めたプログラムや教育課程に従う。先生の得意な分野を活かして授業を受け持つ。ユニークなのが11時半から13時半までの昼休みの使い方。お昼を学校や幼稚園で食べるか、自宅で食べるかを選択する。学校ではCantine (食堂) で、6~8人が丸テーブルを囲む。

決まった席はなく、黒板の前に並んだベンチに座る。先生のまわりに集まって読み聞かせ。

食事はパリ市の決めたメニューを学校で調理。季節の料理、地方料理、世界の料理と献立もなかなか凝っている。自宅で食事をする子どもたちは、お昼を食べてゆっくりしてから、13時半に学校や幼稚園に戻る（幼稚園の年少の場合は、14時半までお昼寝をしてから戻る）。

きちんと整理された図書室。思い思いに本を選ぶ。絵を選んで持ち帰ることもある。

フォーマノワ校長の3つのこだわり

フォーマノワ校長が特に力を入れているのが「おやつ」「図書室利用」「プール」の時間。
おやつはパリで唯一、学校で独自に調達している。栄養士と相談しながら決めるメニューも、季節の果物、フロマージュ（またはヨーグルトなどの乳製品）、それに乳製品に合うパンが基本。毎日地元の店から配達してもらう。
校内の図書室もかなりの充実ぶり。本の量もさることながら、スペースも広々。13人のボランティアたちが読み聞かせをする。子どもたちは自分で選んだ本を1冊持ち帰ることができる。そして、翌週返却する仕組み。興味深いのが、本だけでなく「絵」も持ち帰ることができること。有名絵画のコピー、ポスター、写真などをプラスチック加工したものを各自で選んで持ち帰り、自宅でその絵について話し合ってもらう。親が絵の内容の説明をした後、「なぜこの絵が好きなのか」「なぜ選んだのか」と問う。子どもにもそれぞれロジックがあり、なかなか面白い。人に話すことで、さらに想像を膨らませることになる。
最後のこだわりはプール。小さいうちから水に慣れておくことは大切、との校長の考えから、この幼稚園には公立プールに出かけるクラスがある。初めは親も文部省もかなり心配して反対にもあったが、校長曰く「戦い抜いてプールへ行く許可を得た」そうだ。さすがはフランス人！　年に5回ものバカンスを勝ち取った国民だけはある。

学校に残る生徒がお昼とおやつを食べる食堂。

教育は作品を作るような楽しさのある仕事

とはいえ、課題も山積のようだ。「『エコール（学校）』にもかかわらず、幼稚園をお金のかからない保育園や託児所にしか思っていない親がいることは悲しい限り。そういう親は遅刻も当然と考えている。授業中に誰かが遅れてやって来ると、他の子どもたちの集中を妨げることになる。一度途切れてしまった集中力をまとめるのは難しく、結果的には授業のプログラムに影響が出てしまう」とフォーマノワ校長は話す。

「幼稚園は、子どもが、Élève（生徒）、Citoyen（市民）になるところ。移民の子どもたちにとっては、フランスに馴染む場。言葉、生活習慣などフランスで暮らして行くうえでの基礎を身につけて欲しい」。人種のるつぼであるフランスならではの幼稚園の役割もあるようだ。

最後に校長は次のように語ってくれた。「私にとって教育は、作品を作るのと同じ。社会形成に貢献していると思うと、本当にやり甲斐がある。子どもの様子や発言に触れていると、毎日が楽しくて仕方がない」。ちなみに、フォーマノワ校長も、20代の息子さんを持つ働くパリジェンヌ・ママ。「ママであることは終わらない。ママであることはこの上なく素晴らしいことであり、この上なく難しいこと…」。日本でもフランスでも子育ての大変さは一緒。パリのママたちも日々戦っている。

授業が終わると、教室の前や中に座ってお迎えの人を待つ。上着やリュック、大事なぬいぐるみなども忘れずに。

Chapitre 3

パリジェンヌ・ママ御用達のお買いものアドレス

ほとんどのパリジェンヌ・ママは仕事を持っていて、とても忙しい。高級ブランドのブティックで、ゆっくり買いものを楽しめることは稀。必要なものを手に入れるために、スーパーや大型店、ときにはネット・ショップも利用する。手軽に欲しいものが揃い、かつ、ママ自身が楽しめるお買いものアドレスは本当に貴重だ。ママたちの御用達ショップと、その利用方法を知ることで、パリジェンヌ・ママの生活の楽しみ方をのぞいてみよう。

左：フランスで人気のキャラクターの面々。右：歴史あるパッサージュを利用した理想的な環境。

パッサージュに広がるミラクル・ワールド

Joué Club - Village de Paris

ジュエ・クラブ-ヴィラージュ・ド・パリ

美しいパッサージュがおもちゃの国に

パリには「パッサージュ」文化がある。産業の発達と同時に、悪天候の中でもウィンドウ・ショッピングを優雅に楽しめるこのアーケードつき商店街は、18〜19世紀に一世を風靡した。ガラス屋根に鉄の装飾を施し、床に大理石を使用するなど、近代建築としても重要度の高い作品と言われている。頭脳の左岸に対し、商売の右岸と呼ばれて来たように、これらのガラス屋根のついた優美なパッサージュはセーヌ右岸のオペラ座周辺、Grands Boulevards（グラン・ブルヴァール）近辺に多く見つかるのが特徴だ。当時華やいだ2区のItaliens（イタリアン）大通りと、Montmartre（モンマルトル）大通りの真ん中に位置する“Passage des Princes（パッサージュ・デ・プランス）”は、1995年に大改装された。ガラスの屋根から陽光が射し込み、店のウィンドウを照らす。鉄の天井装飾も繊細で優美、見事なシンメトリーが美意識をさらに高める。しばらくはいくつかの商業施設が入っていたが、2002年9月、パッサージュ全体がおもちゃのワンダー・ランド“Joué Club（ジュエ・クラブ）”としてさらに生まれ変わった。
ボルドーを本拠地とする1950年創業のジュエ・クラブは、全国に300店舗、フランス海外県の他、ヨーロッパに店を構えている。「パリに巨大で目を引く

店を作りたかった」という同社は、幸運にもこの素晴らしい物件に出合う。近隣には多くの企業があり、グレヴァンろう人形博物館、オペラ座、ギャラリー・ラファイエットやプランタンなどのランドマークが揃う最高級の立地条件。
特徴は、パッサージュ内の隣接する店々が独立していること。管理をしているのがジュエ・クラブであり、個々の店には、それぞれのメーカーの担当者がいる。そこで、「ジュエ・クラブ-ヴィラージュ・ド・パリ（ジュエ・クラブのパリ村）」と総称する。

あらゆるおもちゃが親子を魅了

まずはイタリアン大通りからアクセスする。“Accueil（受付）”に続くのが館内で2番人気の“La Maison des Jeux Éducatifs et Créatifs（教育と創作のおもちゃ館）”、通路の奥には、1番人気“La Maison des Jouets（総合的なおもちゃ館）”。パパも興味津々なのは“La Maison du Modélisme（模型館）”と“La Maison des Figurines（ミニチュア館）”だろう。大人もつい楽しんでしまう。2階には、“Sports & Vélos Plein Air（屋外スポーツや自転車館）”、“La Maison de la Fête（パーティー館）”があり、手品や仮装用のグッズや衣装まで揃う。その他全部で16のメゾンから成り立っている。これだけ揃えば、子どもも好奇心が刺激され、興奮状態が続くに違いない。

「子どもの泣き声は毎日聞こえて来ます。欲しいものを買ってもらえないために駄々をこねる。多くは親が折れてしまうようだけれども…」とスタッフ。この親子関係はどうやら世界共通のようだ。時間をかけずに購入するために、ママが仕事帰りにひとりで訪れることも多いそう。店では、各スタッフがおもちゃの専門家として、温かい接客により、お客さんが求めるものを案内し、適切なアドバイスをするよう心がけているという。

「もし、何も買われなかったとしても、良い情報を得られた場合は、また戻って来てくれるんです」。

高い品質のフランス製を意識する人が多いようだが、実際は中国製を含む他国の製品も多い。しかし、スタッフは「いずれも厳重な品質検査は必須です」と安全性を語る。幅広いラインナップは、パリジェンヌ親子の間でも、かなり人気のようだ。

店内では、子どもたちは商品に触れながら、欲しい商品を見つける。ときには床に座り込んでおもちゃ選びに没頭することも。

Joué Club - Village de Paris

ジュエ・クラブ-ヴィラージュ・ド・パリ

住 3/5, boulevard des Italiens
75002 Paris
駅 Richelieu Drouot（メトロ8、9番線）
T 01 53 45 41 41
時 10:00～20:00
休 日
http://www.villagejoueclub.com/

ギャラリーのように商品が並ぶ棚の前で、子どもたちは一喜一憂。

大人も学べる子どもワールド・ギャラリー

Bonton

ボントン

ベビー・ブームの火つけ役

「ボントン」の創業者であるイレーヌ・コエンさんをお店に訪ねると、「ちょうど良かったわ。長女のリュヌが店の美容室でカットをしたいと言うので、私も一緒にカットをしようと思って来たのよ。まずは2人ともカットして綺麗になってから後でインタビューね」。

日本でも子どものフレンチ・ブランドの定番として知られる“Bonpoint（ボンポワン）”（P.100で付属サロン・ド・テを紹介）を1975年に設立したコエン夫妻の息子、トーマ・コエンさんと奥さんであるイレーヌさんによってこのボントンは立ち上がった。「ボンポワンで働きながら、新しいものを創り出したいと思っていたんです。長男マルタンが生まれ、いよいよボントン創業を決意しました」とイレーヌさん。2001年創業で10年を迎えた。

「染めものから始めたの。シンプルな洋服をコットン素材で縫製し、後に染める方法よ」とコンセプトを語る。「ボントンのオリジナリティといえば、多様な色彩。ボンポワンがベーシックかつ正統的なブランドだとしたら、ボントンはコットンによる日常着を提案しているの」。このナチュラル感がテーマだ。
広いギャラリーのような空間を作ったり、洋服だけでなく家具メーカーとコラボレーションしたり、雑貨や書籍を置いたり、店内に美容室を併設したり。全ては、10年前のコンセプトがベース。イレーヌさんこそ、ベビー・ブームを作ったと言われる若きBobo（ブルジョワ・ボヘミアン）を刺激する、クリエイティブな子ども店の仕掛人のひとりではないだろうか。
ロフト・スタイルの店内に関しては、「このような大きな空間を持つ、という文化がフランスにはなかったんです。子どもと一緒に買いものができないほど狭い空間で、ただ物が陳列されているだけでした。ここでは、子どもが自由に遊ぶことができます。地下には映画鑑賞や読書をする空間があるんです。私の子どもたちも、ここに来るのが楽しみなのよ」。

パリのファッション・カルチャーを親子で体験

2001年にボントンが誕生したのはセーヌ左岸のGrenelle（グルネル）通り。その後、Bac（バック）通り、セーヌ右岸のVieille du Temple（ヴィエイユ・デュ・タンプル）通りへと規模を広げる。2009年3月には、ボンポワンの創業者であるコエン夫妻が、ボンポワン時代に子ども服の製造過程でお世話になったマダガスカルの人々へ感謝を込めて、彼女たちに収益を還元する社会貢献型のショップ“Merci（メルシー）”を北マレにオープンさせる。当時はボントンの商品も扱っていたが、2010年、「コエン家族が集う」ためにメルシーの数件先に3階におよぶ800平方メートルの巨大ボントンが誕生すると、メルシーから子ども服は姿を消した。親子でパリを訪れたら、メルシーとボントンを訪れたい。メルシーには、カフェやレストランもあり、この2店でママも子どもも、パパも！　充分にパリのファッション・カルチャーを堪能できるだろう。
「フランス式の粋なファッション・スタイル？　さまざまなジャンルのミックスね。色の組み合わせや、男の子に花柄の服を着せたり、有名ブランドとヴィンテージまたはバリュー・ブランドを組み合わせたり。これは子どもにも大人にも共通しているパリ風スタイルよ！」

遊び心満載の店内ディスプレイ。商品は、さまざまな年齢の子どもに対応している。

店内にある美容室で洗髪中のイレーヌさん。横にいるのが娘のリュヌちゃん。子どもも大人気分になれるシックなサロンだ。

Bonton

ボントン

住 5, boulevard des Filles du Calvaire 75003 Paris
駅 Saint-Sébastien Froissart（メトロ8番線）
T 01 42 72 34 69
時 10:00～19:00
休 日
http://www.bonton.fr/

左上：ママとのお揃いもある子ども服。左下：子どもたちが真っ先に飛んで行く、お絵描き用の黒板。右：ミニ版アニエスベーがかわいい店内。

フレンチ・ファッションのパイオニア

agnès b. enfant / layette

アニエスベー アンファン／レイエット

大人ブランドが作った子どもライン

パリ1区のJour（ジュール）通り3番地に「アニエスベー」の1号店がオープンしたのが1975年。その6年後には、この3番地を「オム（男性服）」とし、同じジュール通りの2番地を「ファム（婦人服）」および「アンファン（子ども服）」のブティックとしてオープンさせる。ここ10年来、ベビー・ブーム到来のパリには、粋な子ども服の店が続々と現れているが、アニエスベーのアンファン・ラインがスタートした1981年には、「大人ブランドの子どもライン」というスタイルの服などなかった。今でこそ、日本でもフランス製品は簡単に入手できるが、かつては、フランスを代表してやって来たような「肩の凝るような」高価なものしかなかったはず。そこに、日常的フレンチ・ルックを日本に紹介したのがアニエスベー。定番のボーダーTシャツも、なんとも飽きのこない逸品だし、それが子どもサイズとなるとかわいらしさも増す！　アンファンも、ファムやオムのコレクションを反映しているだけに、ママと子どもとのペアルックも実現可能。アニエスベーの服は、快適さも追求しているため、服を着ることによって、子どもも生き生きとした気分になる。素材の質が良いため長持ちするので、「兄弟間でのお下がり」で使い回せるという。子ども服には2001年より「レイエット」というベビー服ラインも加わる。2人の子どもがいるアニエスベーさん、自らの経験に基づいて作られた充実度の高いコレクションとなっているうえ、このラインにも、アニエスベー不滅の定番であるボーターTシャツやプレッション・カーディガンが揃っている。

驚くべきアニエスベーさんの功績

店内には大きな黒板があり、子どもたちが来ると、チョークで落書きを始める。ママは、お洋服選びに余念がない。さて、今度は試着が大変。子どもは遊びを中断したくないし、でも試着をしないと服が決まらない。「服を選んでから思いっきり遊ぼうね〜、という交渉テクニックを長い経験で学びましたよ」とスタッフ。確かに店の人たちは、幼稚園の先生のようにも子どもたちのお友達のようにも見える。

ブランドを立ち上げたアニエスベーという女性は、素晴らしく情熱とバイタリティがある。ジュール通りには現在、ファム、アンファン、レイエット、オム、バッグのボヤージュと、ファミリーが勢揃い。さらに彼女はアート・コレクターでもあり、アートへのサポートにも熱心で、“POINT D'IRONIE（ポワンディロニー）”というフリーのアート刊行誌も発行している。映画好きなアニエスベーさんらしく映画製作会社まで設立したうえ、「アニエス・トゥルブレ財団」という非営利財団も作り、チャリティやエコ活動にも積極的。社会への多大な貢献から、なんと2010年には、名誉あるレジオン・ドヌール勲章を受けるに至った。

彼女は服にメッセージを散りばめる。“un petit cœur est né（小さなハートが生まれました）”、“à la soupe!（ご飯だよ）”、1歳の子どもへの贈りものに“j'ai 1 an（1歳です）”といったアニエスベーさんの手書きのメッセージが温かい。

agnès b. enfant / layette
アニエスベー アンファン レイエット

住 2, rue du Jour 75001 Paris
駅 Les Halles（メトロ4番線）
T 01 40 39 96 88
時 夏期10:30〜19:30、冬期10:00〜19:00
休 日
http://japan.agnesb.com/

左：店内で遊ぶマリーさんの2人の息子たち。右：ママの心もつかむ、本やおもちゃなどの商品。

ネット販売仕掛人のアンテナ・ショップ

Little Fashion Gallery

リトル・ファッション・ギャラリー

子ども向けネット・ビジネスの先駆け

レ·アル地区、Jour（ジュール）通りの一画にあるエントランスに気づくのは、この店を知っている人に限られる。というのもアパルトマンのドアの脇に“Little Fashion Gallery”と書かれた小さなプレートが貼ってあるだけだから。
ドアを開け、通路の奥に構える素敵な建物に入ると、まずはオフィスが目に飛び込む。笑顔で迎えてくれるスタッフにあいさつを交わして左のほうへ進むと、手前がライブラリー、その奥が家具やおもちゃのショールーム兼ブティックとなり、道に向かって開かれている通常のブティックとは完全に逆の形式を取っている。
人気デザイナーズ・ブランドを扱う「リトル・ファッション・ギャラリー」（以下LFG）のオーナーは、長身＆美形のマリー・スードレ＝リシャールさん。外国で有名ブランドの香水のマーケティング・ディレクターをしていたことがあるという。「フランスに戻って来たとき、妊娠していた私は、子ども向けのサイトがあるといいのでは？ と考えたんです。2006年にネット・ショップを立ち上げ、14のブランドから始まった契約数も、現在では220ブランド。直営店でしか販売していなかったアニエスベーや、マーク・ジェイコブスなどの多くのブランドが、私たちと独占契約を結びました」。2006年当時は子ども向けのネット・ビジネスは存在しなかったという。当初はプレスもこのビジネスに懐疑的だったが、2008年ごろから、LFGの後を追うように同業他社が増え出した。とはいえ、創業以来、確かな名声を維持し、規模の拡大は留まるところを知らず。そこには、マリーさんを始めとするスタッフ全員の仕事への情熱がうかがえる。

子どもが退屈しないブティック

子ども部屋を再現しているが、全て商品だ。

ネット・ショップの次にオープンさせたこの小さなブティックは、まるで子ども部屋のように家具が配置され、おもちゃが散らばっている。洋服が見当たらない理由は、ネット上で紹介する全ての商品を並べることはできないから。「事前に連絡をいただければ、サイトで選んだ商品をお店に持って来ることは可能ですよ」と、お客さんひとりひとりに、きめの細かい対応をしてくれる。
店を訪れるお客さんの多くはサイトで購入経験のある人だが、LFGの活躍を伝えるプレスの記事を見て訪れる人や口コミ客も少なくない。「来店されたお客さんは、子ども部屋のデコレーションについて、スタッフと一緒にアイデアを出し合うのです。その間、子どもは、キックボードで店内を走り回ったりして、まるで遊園地のように大喜びで遊んでいますよ」。お客さんとの直接の接触は、彼らの好みの傾向を把握する上でもとても役に立つという。

オーナーのマリーさん。

ライブラリーには、お部屋のインテリアになりそうな、色鮮やかな絵本が並び、旅行者にも気軽に購入できる商品が揃う。お友達の誕生日プレゼントを探しに来る地元の子どもも多いようだ。
マリーさんにはかわいい男の子が2人いて、彼らも店に貼られたポスターの被写体としてLFGのワールドに参加している。「5歳のポールが11か月の次男ジャックの面倒を良く見てくれるのですが、私が次男に構いすぎると、ヤキモチを妬くの」と教えてくれたマリーさんは、子どもと同じ満面の笑みを浮かべ、すっかりママの顔になっていた。

Little Fashion Gallery
リトル・ファッション・ギャラリー
住 3, rue du Jour 75001 Paris
駅 Les Halles（メトロ4番線）
T 01 40 26 06 74
時 9:00〜19:00
休 土、日
http://www.littlefashiongallery.com/

光が射し込んで明るい幼児向けコーナーに並ぶのは、
インテリアにもなりそうな愛らしい絵本たち。

子どもを魅了するパリ一番の名書店

Chantelivre

シャントリーヴル

本が歌う？ 魔法のような書店名

「本と一体化したカラスが、大きく口を開けて歌っている」。Chante（歌う）＋Livre（本）という名を持つ「シャントリーヴル」の店頭には、そんなシンボルマークが掲げられている。創立当時より在籍する代表者のひとり、デラスさん曰く「ディズニーの『王様の剣』のようなEnchantement（アンシャントモン＝魔法）の概念にヒントを得たんです。魔術師に夢を見せてもらうのと同じように、子どもたちが本に魅了されるようにと。それに、Chante（シャント）というフランス語はとても耳に響くんですよ」。
フランスには出版社が経営する書店が存在する。このシャントリーヴルも同様で、現在経営しているのは、École（エコール＝学校）出版社が、1965年に改名したL'École des Loisirs（エコール・デ・ロワジール＝余暇の学校）出版社だ。もともとは学校の教科書などを出版していたが、改名以降、幼児や青少年向けの本を発行し、フランスに留まらず、海外でも勢いのある版元としてその名を広めた。1974年、シャントリーヴルは、サンジェルマン・デ・プレ地区のSèvres（セーヴル）通りに子ども専門書籍を扱う店としてオープン。出版社経営とはいえ、自社以外の出版物が大多数を占めている。学校の先生や図書館員が必須とする書籍を始め、相当数の子ども向けの書籍が揃う。
「この店はヨーロッパの子ども書籍専門店において『才気煥発なる母』的存在です」とデラスさんは豪語する。「実は、1974年の時点では、アメリカとイギリスを除いて子ども書籍のみを扱う店は存在していなかったのです。私たちは、このジャンルの書店が成功することを証明するために店を作りました。規模の大きなロンドンのチルドレンズ・ブック・センターにインスピレーションを得たシャントリーヴルですが、このコンセプトはその後、ヨーロッパ中に浸透しました」。

親子がそれぞれに楽しめる空間

10年ほど前にリニューアルし、倉庫だった店の奥まで拡張。ファサードをくぐると、まずは大人向けの本が並ぶ書棚があり、次に青少年部門、まるでパッサージュのように光がさんさんと射し込む元倉庫の部分には、幼児向けの絵本が並ぶといった構成。親子がそれぞれの時間を存分に楽しめ、さらにベビー・カーと一緒でも悠々と店内を移動できる空間が作られている。
地元サンジェルマン地区に住み、頻繁にこの店に訪れるというマダムが、「この店の魅力は、店内にある全ての絵本を知っている有能なスタッフによるアドバイスよ」と語ってくれたように、販売員の質の高いアドバイスも自慢だ。店のあちらこちらでスタッフと話しをするママの姿が見られる。
青少年向け小説のコーナーでは、床にしっかり腰を据え、本に見入る少年を見つけた。「南仏から来たんです。去年もこの店を訪れて、もう虜に。だから今年もパリに着くなりこの店に飛んで来ました」。彼のママも「この店は子どもにとっては、まるでアリババの洞窟よね」とお気に入りのようだ。

ベビー・カーも通れる店内。見て歩くだけでも発見がある。

Chantelivre
シャントリーヴル

住 13, rue de Sèvres 75006 Paris
駅 Sèvres Babylone（メトロ10、12番線）
T 01 45 48 97 90
時 10:30〜19:30（火〜土）、
13:00〜19:30（月）
休 日、8月に2週間
http://www.chantelivre.com/

手作りが楽しくなるショップ&アトリエ

La Bidouille

ラ・ビドゥイーユ

車(12ユーロ)、うさぎ(各24ユーロ)、ボール(6ユーロ)、クレヨン(15.5ユーロ)

手芸好きが高じてアトリエをオープン

最近、若いクリエイターに人気のあるサン・マルタン運河。週末には、ベビー・カーを押しながら散策するパリジェンヌ・ママの姿も、今では風物詩になっている。そんなサン・マルタン運河沿いの一角、春には桜が美しいJardin Villemin(ヴィルマン公園)のすぐ前に、子ども向けクリエイションのショップ兼アトリエ、「ラ・ビドゥイーユ」がある。

アンティーク調のファサードをくぐると、まずはフランス製に限らず、世界中からセレクトした愛らしいグッズが揃うショップがあり、その奥がアトリエ。2階には本が並び、子どもが遊べる空間となる。決して大きくはないが、近所の子どもたちが遊びに来たくなるようなアットホームな店だ。

オーナーは、ニノン・クレインさん。なんと、以前はテレビの映像カメラマンをしていたという。「私が携わっていたドキュメンタリーの収録が終了したとき、ちょうどこのアトリエのあるアパートに住んでいました。この店舗が空いていることも知っていたし、子どものころから手芸が好きだったので、店を開こうと思いました」。「お子さんは?」と聞くと、「私には子どもはいないんです よ」と照れくさそうに語る。隣の子ども服のブティック

「子どもが大好き」と言うオーナーのニノンさん。

素朴で手作り感溢れる店内。片隅にはキャンディやグミもあって駄菓子屋さんのよう。懐かしい気分になる。

に刺激されて、子ども向けにハンドメイドの楽しさを伝えるアトリエを構えることに決めたそう。映像カメラマンという男性的な仕事をこなしていたとは思えないほど、おっとりした優しい笑顔のニノンさん。ミシンに向かい、オリジナルの子ども向けエプロンを黙々と作っている姿には、穏やかな田舎のエスプリと、子どもを優しく包み込む温かさを感じる。そこには形式にこだわらないハンドメイドへの熱い思いが宿っている。

オルゴール（9ユーロ）

パリの子どもたちが創作に喜びを感じる場所

地元の子どもが通うアトリエには、3歳以上の講座と6歳以上の講座がある。3歳以上では、造形アートやお絵描き、6歳以上では、宝石と指輪作り、仮面作り、季節のデコレーションといったプログラムで構成されている。

「去年、ひとりの少女が何度もアトリエに通っていたの。ある日、両親からお礼を言われたわ。アトリエに通う彼女がとても幸せそうだって。今日はダメと言われた日にはがっかりしてしまうんですって」。嬉しそうに語るニノンさんがもっとも感動するのは、「子どもたちが再びアトリエを訪れてくれること」。

パリジェンヌ・ママたちはアトリエに残り、子どもと一緒に創作をすることも少なくない。定員は4人という小さなアトリエ。堅苦しいしきたりなどまったくない家庭的なムードの中で、子どもたちは自由自在に創作に励むことができる。手狭なアパートに住むパリジェンヌ・ママたちにとっては、一緒に参加することも、安心して子どもを預けることもできる場所として、ありがたい存在になっているようだ。

ショップで買いものをしていると、アトリエを訪れるパリの子どもたちの生き生きとした表情に出会えることもある。ショップの商品も、手作り感のある人形やおもちゃなどがあり、色鮮やか。店内を眺めているだけで、思わず創作意欲が掻き立てられるに違いない。

ニノンさん手作りのエプロン（15ユーロ～）

La Bidouille

ラ・ビドゥイーユ

住 13, rue des Récollets 75010 Paris
駅 Jacques Bonsergent（メトロ5番線）
T 01 42 05 51 20
時 12:00～19:00
（5/15～9/30の日曜 14:00～19:00）
休 月、10/1～5/14の日曜
€ アトリエ料：子ども1人につき15ユーロ（60分）
※アトリエはフランス語のみ。
http://www.labidouille.fr/

お手ごろ価格が嬉しいキッチン雑貨店

La Vaissellerie

ラ・ヴェセルリー

プレート（5ユーロ）

南仏のエスプリと温かい接客

パリに来れば簡単に素敵なものが見つかるかと思いきや、意外と適当な店は少ない。マレ地区周辺のクラシックな文房具屋は驚くほど高価だし、週末の蚤の市で、がらくたの中からコスト・パフォーマンスの優れた逸品を見つけるのも運次第。そんなとき重宝するのが、キッチンまわりのものが手ごろな値段で見つかる「ラ・ヴェセルリー」。店名は「お皿屋」を指す。パリジェンヌ・ママの御用達であることはもちろん、旅行者にとっても必ずお土産を見つけられる貴重な店となっている。キッチン用品に限らず、“Paris”とか“France”とか書かれたお土産雑貨や、1ユーロ、2ユーロのワン・コインで買えるキュートな商品も多いのだ。1977年にオープンし、現在パリと郊外に5店舗を構える。小さな店先にたくさんの籠や棚が並び、そこに、カフェ・オ・レ・カップやらエコ・バッグやらが、とにかく山積みにされている。店内も同様で、真っ白なお皿が至るところに積まれ、一番上のお皿には黒マジックで価格が表記されている。また、壁一面に積

にんじん型
ピーラー
（6ユーロ）

フランスが香る山積み商品はどれも魅力的で、パリに住みたい気持ちを掻き立てる。

み重ねられた雑貨の数には圧倒される。「小さな雑貨を所狭しと並べて、伝統的な南仏のエスプリを表現しているんだ」と語るのは、28年間このRenne（レンヌ）通りの店で働いているピエールさん。彼らのポリシーは、“Petit Prix（低価格）”であること。「観光客も来てくれるから、僕たちはここでフランスを紹介しているんだ。だから商品もフランスが香るものを、さらに破格で見つけるように努めている」。加えて、彼らが接客の面でモットーとしているのは、笑顔で心地良い応対だという。「これはオープン以来変わらないことなんだ。僕らはフランスの代表でもあるんだから」。旅行者が短い滞在で訪れた店の印象は、確かにフランス全体への印象に繋がるだろう。割れものが多いだけに、梱包にも力を入れている。「仕事量も多いから疲れることもある。でも、お客さんが満足してくれることに大きな喜びを感じるからね。そして、再び店に来てくれるのが本当に嬉しい」と、彼の仕事への充実感が伝わって来る。店頭に並んだ商品は、毎朝晩、搬入搬出するそうだ。

エッフェル塔型の
ピック挿し（10ユーロ）

子どもの好奇心を刺激する商品群

パリジェンヌ・ママも子どもを連れて来る。まず子どもは、このバザーのような山積み商品に驚き、歓喜の声を上げるという。そして、商品に触れては「これは何？　どうやって使うの？」とママに聞き、ママもリラックス気分で商品を見ながら、子どもの質問に答える。小さな子どもにしてみれば、四方に積まれた商品が押し迫って来るように見えるのではないだろうか。「あまりに品数が多いから、商品を壊すといけないって思う人も多いようだけれども、そんなこと心配いらないよ」とお客さんを見守るピエールさん。「ときには壊されることもあるけれどもね」と小さな声で言い加える。高いお金をかけなくても、おしゃれに生活するパリジェンヌ・ママがこの店を使わないわけがない。さらに、買った商品の配達までしてくれる。配達先はホテルでもOKなので、必要があれば頼んでみよう。

La Vaissellerie
Rive Gauche-Saint Sulpice

ラ・ヴェセルリー 左岸 - サン・シュルピス店

住 85, rue de Rennes 75006 Paris
駅 Saint-Sulpice（メトロ4番線）
T 01 42 22 61 49
時 10:00〜19:00
休 日
http://www.lavaissellerie.fr/

手作りが大好きなパリジェンヌ・ママの強い味方

BHV

ベー・アッシュ・ヴェー

壁用のペンキ

ママたちの日用品が揃う便利なデパート

言うなれば、ここは「パリの東急ハンズ」。いろいろな生活用品が揃う便利なアドレスとして、パリジェンヌ・ママたちに愛される老舗のデパート「ベー・アッシュ・ヴェー」だ。

1856年にリヨン出身のXavier Ruel（グザヴィエ・リュエル）氏によって、ギャラリー・ラファイエットやプランタンに先駆けてオープンした。以来、近代的な技術や社会システムなど、常に斬新なアイデアを取り入れ、デパート業界を導いて来た。1953年には顧客サービスの部門を、1954年にはエスカレーターをいち早く設けている。1991年からはギャラリー・ラファイエットの傘下に入るも、創業当時からの個性は今も健在だ。

ママたちの評価としては、ベー・アッシュ・ヴェーは「楽しくて便利なデパート」。人気のファッション・ブランドや化粧品、アクセサリーだけでなく、ママたちの必須アイテムのキッチン用品、生活雑貨、電化製品、インテリア用品などもかなり充実している。幅広い品揃えについ余計なものまで買ってしまうのが困るところ。

一般的に、パリジェンヌは室内を自分好みのインテリアにアレンジするのが得意だ。スペースを有効に使い、色を上手に取り入れ、住み心地の良い空間を作り上げる。しかも、“Système D（システム・デー）”と呼ばれる、お金をかけずに自分でなんとかしてしまうエスプリを駆使する。これはまさに「日常生活を心地良く、快適にするために創意工夫を凝らす」というパリジェンヌの生活信条“Art de Vivre（アール・ド・ヴィーヴル）”そのものだ。パリジェンヌたちの自由な発想は、既成概念に捕われることがない。何かを代用して、本来の用途とはまったく別のものを作り上げたり、オリジナリティ溢れるものに作り変えたりする。必要に応じて手を加え、素敵なものに変えてしまう姿勢はあっぱれ。

自宅のシンプルな引出しにこんな鍵をつけるだけで、オリジナル感アップ（3ユーロ〜）。

左：商品説明のスタンド。自分で試せるのが楽しい。右：子どもも喜ぶ、粘土などの工作用品の数々。

空間をアートするアイテムがいっぱい

最近、子ども部屋にはIKEAで買った家具を使うパリジェンヌ・ママがかなり多い。安くてシンプルなのが人気の理由。でも、それだけで満足せず、＋αで自分好みに変えて行くのがパリジェンヌ流。そんなときの強い味方がベー・アッシュ・ヴェーだ。ひらめきとともに、材料を買いにベー・アッシュ・ヴェーへ。小さな筆筒や机の引出しに、好みの取っ手をつける。これだけで家具の雰囲気はぐんと変わり、自分らしくなる。他にもアイデアはいろいろある。例えば、板に塗るだけで黒板になる4色ペンキ（18.5ユーロ）。磁石使用できるペンキと併用すれば、マグネットも使える。このペンキをドア全体に塗ると、ただのドアが家族の掲示板に早変わり。壁に塗ってアート・スペースとする人もいる。一石二鳥、いや三鳥で使えるのは、まさにパリジェンヌ好みだろう。
店内では、商品の使い方を説明してくれるスタンドが出ることもあり、実際に手に取って試してみることもできる。ここには暮らしのアイデアやヒントが溢れている。自分なりに工夫して、お金をかけずとも家族みんなで楽しく暮らしたい、そう願うパリジェンヌ・ママにはなくてはならないデパートだ。

BHV Rivoli

ベー・アッシュ・ヴェー リヴォリ店

住 55, rue de la Verrerie 75189
Paris Cedex 4
駅 Hôtel de Ville（メトロ1、11番線）
T 01 42 74 90 00
時 9:30～19:30（月、火、木、金）、
9:30～21:00（水）、9:30～20:00（土）
休 日
http://www.bhv.fr/

ママたちの生活に潤いを与えるおしゃれなスーパー

Monoprix

モノプリ

仕事帰りのママも気軽に利用できる

食料品はもちろん、日用品、衣料品、化粧品から、文具や書籍まで幅広い品揃えのスーパー・マーケットとして広く知られる「モノプリ」。1号店は、1932年にギャラリー・ラファイエットの創業者Théophile Bader（テオフィル・バデール）氏の娘婿Max Heilbronn（マックス・ヘイルブロン）氏の後押しで、ルーアン市の中心部にオープン。世界大恐慌の直後、良いものを手ごろな価格で提供することで、“Magasin Populaire（庶民的な店）”というコンセプトが誕生した。カルフールなどの郊外型の大型スーパーとは一線を画し、「市内にあるスーパー」として、パリを中心に展開。ここ数年、営業時間を延長するなどして、仕事帰りのママも気軽に利用できるようになった。現在、モノプリの系列には、コンビニサイズで簡単な食事もできる“Monop'（モノップ）”や“Daily Monop'（デイリー・モノップ）”、コスメ専門“Beauty Monop'（ビューティー・モノップ）”も加わり、スーパーのイメージを塗り替えつつある。

未来のパリジェンヌも小さいころからモノプリを利用。洋服や学用品など身近なものを使っている。

便利でセンスの良い商品やサービスがいっぱい

モノプリの存在は、時間に追われるパリジェンヌ・ママたちにとって強い味方。食料品の買いものついでに、子どもの衣料品や学校で必要なものをまとめ買いできるからだ。フランスの小学校では、学習に必要なノートや文房具を各自で準備しなければならない。モノプリを使えば、新学年の始まる直前に、1学年に必要なものが一式揃う。子どもの衣類も同様。子どもというのは、とにかく服を汚したり、破ってしまうことが多い。そんなときでも、モノプリに行けば、手っ取り早く小洒落たものが買える。最近では、有名ブランドとのコラボ商品などもあり、スーパーで買える服とはいえ、かなり気の利いたものが並ぶ。

ママたちに人気なのが、食料品のプライベートブランド"Monoprix Gourmet（モノプリ・グルメ）"。パッケージもおしゃれで美味しく、リーズナブルなのが人気の理由。食材の他に少し手を加えれば済む加工品もある。調理も簡単なので、人を招いてホーム・パーティーをするときなどにぴったり。毎日の生活にちょっとした潤いを与えてくれる。また、子ども向けのお菓子の種類も豊富で、遠足、郊外学習などの際のおやつとしても大活躍。近年、モノプリが「宅配」という新しいサービスを始めた。ポイント・カードを持って行き、50ユーロ以上買いものをすると、無料で宅配サービスが受けられる。妊婦さんの場合には、ポイント・カードがなくても50ユーロ以上、ネットで買いものをした場合は70ユーロ以上で宅配が無料となる（いずれも衣類は除く）。他の格安スーパーと比べると、値段はやや高めかもしれない。しかし、全体的な価格帯はリーズナブル。オリジナル商品のセンスも良い。働くママたちにとって、今後もますます頼れる存在になりそうだ。

学年初めに揃える学用品の数々。これだけのものを1店舗で買えるのはとにかく便利。

Monoprix Sébastopol

モノプリ セバストポール店

住 95, boulevard de Sébastopol 75002 Paris
駅 Réaumur-Sébastopol（メトロ3、4番線）
T 01 42 33 36 15
時 9:00～22:00
休 日
http://www.monoprix.fr/

ここ10年でおしゃれになった「パリの子ども服事情」

“Bobo” がパリの子ども服を変える

フランスは出生率の高いことで知られている。実際、1999年以来フランスはヨーロッパでナンバー・ワンの出生率を誇る。理由としては、家族手当の十分な支給、働くママを配慮した社会システムなど、子育てに優しい制度が充実していることが挙げられる。子どもを預ける施設も多く、ベビー・シッターがひとつの職業になるほど重宝され、これらの団体への補助金もあるほどだ。
今まで続けて来た職を辞める必要がなく、出産により大きく生活環境が変わらない点は、自分らしくありたいと願うパリジェンヌ・ママにとっては理想的だろう。また、子育てをしながらも、恋愛関係を保ちたいというフレンチ・カップルのスタイルも、制度に大きく影響している。
それでも近年、大人社会への子どもたちの進出が著しく増えていることに気づく。この現象を象徴するのが、次々にオープンする子ども服専門店の存在だ。おしゃれクリエイターの多い北マレ、モンマルトルといった地区を筆頭に、サン・マルタン運河からオーベルカンフにかけてその範囲も拡張している。背景には、これらのエリアに住むBoboたちの影響が強いとされている。Boboとは“Bourgeois（ブルジョワ）- bohème（ボヘミアン）”の略語で、簡単に言うならば「裕福でありながら、クリエイティブな人たち」だ。
彼女たちは一般的に子どもが好きで、出産をきっかけにクリエイトの矛先を子どもに向けるようになる。「子どもに着せたい服が見つからないから、自分でブランドを立ち上げた」そう話す子ども服ショップのオーナーは少なくない。そんな前衛ママたちは、自分の子どもをモデルにポスターやカタログ作成をし、子どもと一緒に洋服をクリエイトする。この「Boboママ」の勢いあってか、スーパーから通販に至るまで、子ども服全体にヌーヴェル・ヴァーグ（新しい波）が起こっている。ここ10年でパリ全体の子ども服がハイセンスになった、と言われるのにはこんな理由があったのだ。

パリジェンヌ・ママたちに愛されるフランス式「積み木」

Kapla

カプラ

子どもの集中力や想像力を高める人気のアトリエ

“Kapla（カプラ）”は、オランダ生まれのTom van der Bruggen（トム・ブリューゲン）氏によって1986年にフランスで誕生した積み木だ。1987年には“Le Jouet de Bois（木の玩具）”として、ルーヴル美術館などで展示され、翌1988年にはフランスの学校や学童保育で使われるようになった。以降、ヨーロッパ各国の玩具賞を総なめにしている。

カプラの特徴は、1:3:15の比率の細長い板。これを組み合わせれば、どんな形も作り出せる。1枚1枚は小さな板なのに、でき上がる作品は大きく圧倒される。シンプルで集中力や想像力を高められる遊具として、パリジェンヌ・ママたちの間でも高く評価されている。フランスの子どもたちは幼稚園のころからカプラに出合う。

パリを始めとするCentre Kapla（カプラ・センター）ではアトリエ（ワークショップ）を行っている。アトリエは1時間半。まず、前のグループが作った作品を崩して、箱にしまうところから始まる。スペースができたら、いよいよ組み立て。インストラクターの指示のもと、子どもたちが板を積み上げて行く。今回、でき上がったのはパリの街と大きな橋。なかなかの完成度。アトリエが終わるころに始まる、迎えに来たパパやママによる写真撮影会は恒例行事。

パリ郊外に住むバーバラさんは、6歳半のルカくんと一緒に参加。ルカくんは、自宅でもカプラで遊んでいるというベテラン。アトリエに参加した理由を聞くと、「子どもたちの想像力や集中力を遊びながら養えることが素晴しい」とバーバラさんは話してくれた。チーフ・インストラクターのナセラさんは、カプラ15年のキャリアを持つ。彼女自身も9歳と4歳の子を持つ母親。仕事を心から楽しんでいるのが言動から伝わってくる。

ナセラさん曰く、「カプラのアトリエは子どもたちが作るスペクタクルのようなもの。彼らがひとつひとつ積み上げたものを、最終的に組み合わせて作品に仕上げるの。最後に親に見せることで、子どもたちは作品への誇りと達成感を体験できるのよ」。これがカプラの魅力なのだとか。

子どもを預けたママたちは1時間半近所のカフェでおしゃべりをしたり、買いものをして時間を過ごす。とはいえ、「わが子が作った大作を見たい！」というのがママたちの本音。カフェや買いものを早々に切り上げ、アトリエに戻って来てしまうママたちが後を絶たないのだそう。

僕は背の高い家を作っているところだよ。

Centre Kapla Paris

○カプラ・センター パリ

住 27, rue de Montreuil 75011 Paris
駅 Faidherbe-Chaligny（メトロ8番線）
T 01 43 56 13 38
時 アトリエ10:30～、14:30～、16:30～（水、土）※要予約
休 7月半ば～8月半ば
€ 12ユーロ（4歳～）
※アトリエはフランス語のみ。
http://www.kaplacentre.com/
http://www.kaplazoo.co.jp/（日本語サイト）

Chapitre 4

いつもと違う体験ができるアドレス

普段は公園で遊ぶ子どもたちも、誕生日や学校の休暇中、もしくはおじいちゃん、おばあちゃんと一緒のときなどに、ちょっとした特別なお出かけ先として、遊園地や劇場、サーカスなどに連れて行ってもらえる。家族での思い出作りにもぴったりだ。パリや近郊の街では、子ども向けのスペクタクルやイベントがたくさんあるので、旅行者ママも子どもをきっかけにして大いに楽しんで欲しい。きっと子どももパリが大好きになってくれるはず。

P.77-91

04

Guide touristique de Paris pour mamans et enfants

Adresses pour des expériences inoubliables

パリの中心に現れる夏の風物詩

Fête Foraine du Jardin des Tuileries

チュイルリー公園の移動遊園地

ママたちも童心に戻る「パリの縁日」

「君が幸運にも青年時代にパリに住んだとしたら、パリは一生君についてまわる。なぜならパリは移動祝祭日だからだ」とはヘミングウェイの言葉。だが、こちらは夏のパリについてまわる「移動遊園地」である。

7月、8月のバカンスの時期、チュイルリー公園に約60のアトラクションが集まる。優雅な雰囲気のチュイルリー公園が移動遊園地に早変わり。大観覧車に始まり、ジェットコースター、メリーゴーランド、お化け屋敷、ゴーカートなど、パリのイメージとはかけ離れたアトラクションまで登場。パパや大きい子どもたちはトランポリンやロック・クライミングにも挑戦。射的、ミニ・アヒル釣りなどのゲームまであり、商品を獲得することもできる。その雰囲気は、まるで日本の縁日のよう。

ちなみに、フランス語で縁日のことを“Fête Foraine（フェット・フォレーヌ）”という。17〜18世紀のパリの“Théâtre de la Foire（縁日芝居）”から派生した言葉。1604年、ルイ14世がヴェルサイユ宮殿で主催したものが始まりとされている。19世紀の初めに誕生した初期の縁日は、「屋台」と「組立て式のメリーゴーランド」でフランス中を移動。特にロワール地方の北部で多く見られた。やがて屋台の露店商人と組立て式メリーゴーランドの興行師は別の道を歩む。露店商人はマルシェの商人として定着。一方、縁日興行師はフェット・フォレーヌと名前を変えて、ついには移動遊園地の主となり、フランス中のさまざまな公園に出現するようになる。そんなわけで、園内は縁日のムードで一杯。いつもは厳しいパリジェンヌ・ママたちも、この日ばかりは童心に戻っている。きっと子ども時代の自分と、子どもたちとを重ね合わせているのだろう。

子どもに人気の「ミニ・アヒル釣り」。何羽釣れるかな。左手で触っちゃダメ。

約60のアトラクションに大人も子どももワクワク。どれに乗ろうか迷っている親子も多数！

楽しい縁日も、財布にはちょっぴり厳しい？

縁日のもうひとつの楽しみといえば屋台！　代表的な食べものはりんご飴に似たPomme d'Amour (ポム・ダムール)とピンクの綿菓子Barbe à Papa (バルブ・ア・パパ)。発音や色が絵本のキャラクター「バーバ・パパ」に似ていることから、バーバ・パパを連想する子どもも多いとか。他にはクレープ、ワッフル、ドーナツ、チュロス、アイスクリームと、さすがに甘いものが多いのは、スイーツ王国フランスならでは。

気がかりなのは、年々アトラクションの値段が高くなっていること。これにはママたちも穏やかではいられない。マリオンちゃんとカール君を連れて来ていたエリアンヌさん。「乗りもの代が高くて困るわ。いろいろやらせてあげたいけれど、私の予算じゃ無理ね」と諦め顔。確かに大観覧車に乗るには大人8ユーロ、10歳以下の子どもで5ユーロかかる。4人家族では26ユーロだ。さらに、綿菓子が3ユーロ、ポム・ダムールが2.5ユーロ、チュロスが5ユーロ…そう頻繁に来られない、というのがパリジェンヌ・ママたちの本音。

とはいえ、夏の風物詩であることに変わりはない。観覧車を見上げながら、ママたちも昔を懐かしんでいるようだ。

Fête Foraine du Jardin des Tuileries

チュイルリー公園の移動遊園地

住 Rue de Rivoli 75001 Paris
駅 Tuileries(メトロ1番線)、
Concorde(メトロ1、8、12番線)
時 11:00～23:45(月～木、日)、
11:00～00:45(金、土、祝前日)
休 毎日営業(6月下旬～8月下旬のみ)
€ メリーゴーランド:2.5ユーロ(1回)など
看板あり(使用料0.5ユーロ)
http://www.feteforaine-jardindestuileries.com/

パリジェンヌ親子たちの大切な思い出

Cirque d'Hiver

冬のサーカス

160年の間守られて来た伝統芸

「冬のサーカス」。その名の通り、ここは冬の間だけ開かれるサーカスだ。19世紀半ば、シャンゼリゼ大通りにあった"Cirque d'Été（夏のサーカス）"を率いるLouis Dejean（ルイ・ドジャン）氏が、当時「犯罪大通り」と呼ばれていたTemple（タンプル）大通り地区を選び、やがて舞台芸術の殿堂となる2番目のサーカス場、冬のサーカスが完成する。建築は、シャンゼリゼ大通りや夏のサーカス、後にGare du Nord（北駅）を手がけたJacques Ignace Hittorff（ジャック・イニャス・イトルフ）氏が担当。直径42メートル、20角形の外壁、館内に21のガス燈と5,900の客席。8か月かけてでき上がったこの豪華な劇場は"Cirque Napoléon（シルク・ナポレオン）"と呼ばれ、その名の主である、ナポレオン3世によって1852年に公開された。

その後、戦争や帝政廃止などの時代を経て、Cirque National（国立サーカス）となり、1873年に現在の名称、冬のサーカスとなる。1907年にガス燈が電燈に変わり、後に近代の消防法により席数が1,650席になったものの、冬のサーカスは1975年に歴史的建造物に指定され、いまなおパリジャン・パリジェンヌたちに愛され続けている。

現在は、サーカス一家のBouglione（ブーグリオンヌ）家が所有者となり、「冬のサーカスは子どもが存在する限り、存在し続ける」という信念のもと、4代に渡って伝統を守っている。プログラムはシーズンごとに変更される。ちなみに2011～12年のシーズンは、"Virtuose（名人）"という名のスペク

1859年に誕生した「空中ブランコ」は、冬のサーカスで開花し有名になった。サーカスの伝統芸として、今も上演され続けている。

タクル。国際的な「名人」たちがパリに集結し、超人的なパフォーマンスを繰り広げる。

伝統芸能的なパフォーマンスが魅力

甘くもほろ苦く懐かしい気持ちの高まる数々の動物の曲芸。やはり伝統的な古典芸能は誰もに愛される。

フランスではサーカスは人気の高いスペクタクル。パリ郊外に国立のサーカス学校もあるほどで、サーカスや大道芸のアーティスト育成に力を入れている。実際、子どものスペクタクル観賞デビューにサーカスを選ぶパリジェンヌ・ママも多い。ライオンの曲芸、アクロバットショー、ピエロ、ダンスに空中ブランコ。生バンドの演奏に包まれた出しものは、モダンなステージ・パフォーマンスというより伝統芸能的な雰囲気。古臭い、と言ってしまえばそれまでだが、最先端トレンドの都でありながら、こういった人間味溢れるレトロな香りが残っているのは、パリならではの魅力。もちろん、4代に渡る家族たちの努力が支えになっているのだろう。

冬のサーカスには、毎年フランス中から、サーカスを楽しみにする子ども連れファミリーがたくさんやって来る。サーカスに訪れたことがあるジュリアちゃんのママ、リンダさんは次のように話す。「冬のサーカス、とても良かったわ。もちろん、娘のジュリアも喜んでいたけど、何より私たち大人が楽しめるところが魅力よね。出しものも、私たちがサーカスと聞いて思い浮かべるイメージそのものだったわ。また連れて行きたいけれど、今度はいつになるかしらね」。リンダさん親子は160年のヒストリーをしっかりと受け止め満喫したようだ。

パリの冬は長い。10月には早くも冬が顔を出す。肌寒さを感じ始めたちょうどそのころ、サーカス場に灯がともる。家路へ急ぐパリジャンたちも、劇場の前で思わず足を止める。きっと子ども時代に思いを巡らせているのだろう。

Cirque d'Hiver

冬のサーカス

住 110, rue Amelot 75011 Paris
駅 Filles du Calvaire(メトロ8番線)
T 01 47 00 28 81
時 14:00～、17:15～
(10月末～3月上旬のみ)
€ 26.5～46.5ユーロ(席による)
※チケットはウェブ・サイトなどで購入可能。
http://www.cirquedhiver.com/

2世紀の歴史を誇る人形劇

Marionnettes des Champs-Élysées-Théâtre de Guignol

マリオネット・デ・シャンゼリゼ-テアトル・ド・ギニョール

シャンゼリゼにある野外劇場

コンコルド広場からシャンゼリゼ大通りを進み、最初の大きな交差点を右に折れると、ギニョール劇場への近道となるMatignon（マティニョン）大通りがある。小さな公園の入口からアクセスすると、すぐ左がギニョールの劇場。とはいっても、その一画は木が生い茂り、外からは劇場の姿は見えない。開演時間が近づいても、柵は閉まっている。子どもの姿もない…。
すると突然、「カラーン、カラーン」と鐘が鳴り始める。「ギニョールが始まるよ」「カラーン、カラーン」「子どもたち、ギニョールだよ〜」と中から鐘を鳴らしながら現れたのは、40年もの間、この劇場でギニョール劇を続け、現在75歳のホセ＝ルイス・ゴンザレスさん。ギニョールとは「操り人形」。糸で操る通常のマリオネットとは少し異なり、人形の胴体に手を入れて操るタイプだ。

この道40年のゴンザレスさんは子どもの味方。

ギニョール劇は、リヨン出身のLaurent Mourguet（ロラン・ムルゲ）氏（1769〜1844年）が作った人形劇。彼の生きた19世紀、リヨンで盛んだった絹織物が危機に陥った。失業の憂き目に遭ったロラン氏は、イタリアのプルチネラ劇からヒントを得て、ギニョールという新しい世界をクリエイトし、後に大成功を収める。実際の人形劇の内容は、社会を風刺したような反骨精神のあるシニカルなもの。下町の時代劇のごとく、棒を振りかざしたりするところがまた子ども心を刺激する。

子どものコミュニケーションの場として

シャンゼリゼの屋外劇場は、1818年に誕生。すでに2世紀近く存在している。「空という大自然の宝のもとではエスプリも変わるよ。雪の中のギニョール劇の美しさもひとしおだよ」とロマンティックなギニョールおじさん。
この人気者、ギニョールおじさんこと、ゴンザレスさんはスペイン人だ。自由のな

ゴンザレスさんがハスキーな声でギニョールを操る。言葉の分からない小さな子どもたちもギニョールの動きに驚いたり喜んだり。

かったフランコ政権より逃れてパリに来た。最初、俳優として路上で演じていたという。その後、1人で多彩な登場人物を演じることのできるギニョールに惹かれる。ギニョールはフランス語を話すが、その心はユニバーサル。マスクをして人形の姿をしていても、「人に対してメッセージを送っているんだよ」とゴンザレスさん。自由を求めてフランスに逃亡した彼が自由精神を訴える手段であろう。

「現代の子どもたちはもうギニョールを見なくなった？　いや、そんなことはないよ。子どもは変わらない。ギニョールは子どもの中に存在しているよ。ここは新鮮なエスプリを持った子どもとのコミュニケーションの場なんだ」。

劇が始まる。ゴンザレスさんの呼び声とともに集まって来た子どもたちの表情は豊かだ。ギニョールおじさんが、声をかける。「子どもたち、元気か〜い?」「Oui（ウィ）!」。ギニョールのひとつひとつの発言に反応し、ときに、飛び出して舞台に近づく子どももいる。ギニョールの小道具が落ちてしまったら、拾ってギニョールに渡す子もいる。確かにここはギニョールと子どもたちの触れ合いの場だ。

1959年にフランスで公開されたフランソワ・トリュフォーの映画『大人は判ってくれない（原題：Les Quatre Cents Coups）』にて、当時12歳の主人公アントワーヌ・ドワネルが、子どもでいっぱいのギニョール劇場を訪れるシーンがある。舞台に向けて身体を乗り出し、一喜一憂する子どもの表情は、今の子どもたちと少しも変わらない。

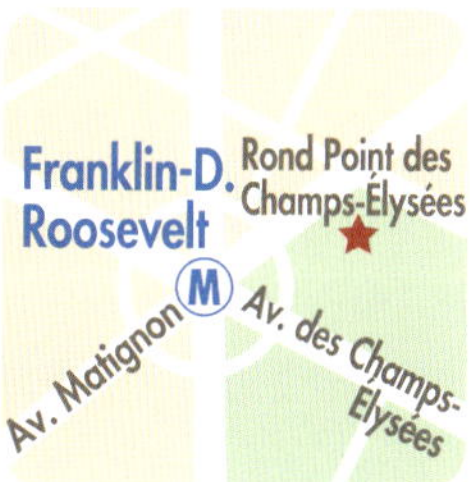

Marionnettes des Champs-Élysées-Théâtre de Guignol

マリオネット・デ・シャンゼリゼ-テアトル・ド・ギニョール

住 Rond Point des Champs-Élysées 75008 Paris
駅 Franklin-D.Roosevelt（メトロ1、9番線）
T 01 42 45 38 30
時 15:00〜、16:00〜、17:00〜
休 月、火、木、金（祝日の場合は開演）
€ 4ユーロ
※チケットは窓口で購入。
http://www.theatreguignol.fr/

役者たちは、体全体を使って表現する。大人も子どもも魅力的な演出にぐんぐん引き込まれて行く。

野外劇場で子どもと一緒にフランスの名作を

Théâtre de Verdure du Jardin Shakespeare

テアトル・ド・ヴェルデュール・デュ・ジャルダン・シェイクスピア

シェイクスピアの他、フランスの名作を上演

ブローニュの森にあるJardin du Pré Catelan（プレ・カタラン公園）。ここにひっそり佇むのは、世界でもっとも美しい野外劇場のひとつ「テアトル・ド・ヴェルデュール・デュ・ジャルダン・シェイクスピア」だ。毎年、5月から10月までの緑が美しい季節にだけ舞台が上演される。オペラ座のような派手さはないが、自然に包まれた劇場には独特の雰囲気がある。誰もいない静かな舞台は、訪れる人の想像を掻き立てる。それはまさに「真夏の夜の夢」そのもの。シェイクスピアという名はついているが、これまでにモリエール、カルロ・ゴルドーニ、ラシーヌ、マリヴォーなどフランスの古典を中心に上演している。もちろんシェイクスピアの『真夏の夜の夢』『ハムレット』『マクベス』も演目に名を連ねる。2011年の夏は4歳以上の子ども向けに、“Les Fables de Jean de La Fontaine（レ・ファーブル・ド・ジャン・ド・ラ・フォンテーヌ）” が演じられた。これは、『ラ·フォンテーヌの寓話詩』として知られる寓話集。『イソップ物語』をフランス語に書き換えたもので、フランス人なら大人から子どもまで

誰もが知っている物語ばかりだ。19の寓話を4人の役者がダイナミックに、そして愉快に演じる。笑いあり、驚きあり、オリジナリティ溢れる対話と歌は見ごたえあり。1時間という上演時間はあっという間に過ぎて行く。言葉のまだ分からない小さな子どもたちをも引きつける。ちなみに、ファーブルはフランス語で「寓話」という意味だ。

ピクニックのついでに鑑賞できる気軽さ

子ども向けのスペクタクルとはいえ、決して子どもショーではないのがフランス。ママたちが望んでいるのは質の高さ。パリの親たちは子どもに対して、早くから良い舞台を観賞するよう働きかける。そこには、本物志向の強いフランス人らしさが垣間見える。観客は家族連れがほとんどで、ときには、おじいちゃん、おばあちゃんも一緒に鑑賞する。芝生に並べられた簡易椅子の足元には、ピクニック用のランチが入ったバスケットや、ボール、バドミントン・セットなどが置かれている。子どもたちも、ママやパパの膝に上ったり、バギーの中で大人しくしていたり、場所はともあれ勝手気ままに劇を観る。自然の中の劇場だから、子どもが泣き出したり、飽きてしまっても大丈夫。席を立って、すぐさま芝生に避難できるのでママたちも安心。ここはスペクタクル・デビューのママたちには、まさしく「うってつけ」の環境なのだ。スペクタクルが終わると、舞台裏も見せてもらえる。なんとも太っ腹。子どもたちが、セットの岩に登ったり、茂みに隠れたりと走り回っている間、パパやママたちは役者たちとおしゃべり。
3歳のラファエル君は今日が観劇デビュー。役者たちがいろいろなところから飛び出して来たり、大きな声を出すのでちょっぴり怖くなった様子。でも、大丈夫。すぐにママが芝生に連れ出し、散歩をしているうちに落ち着いたようだ。ラファエル君の子守をしつつ、彼のパパもママも「舞台をしっかり楽しめた」と笑顔で話す。スタッフもみんな気さくなので、ぜひとも散歩がてら気軽に訪れてみたい。

Théâtre de Verdure du Jardin Shakespeare

テアトル・ド・ヴェルデュール・デュ・ジャルダン・シェイクスピア

住 Pré-Catelan, Bois de Boulogne, Allée de la Reine Marguerite
T 01 40 19 95 33
休 11～4月
€ 14ユーロ～(演目によって異なる)
※チケットは窓口などで購入可能。
http://jardinshakespeare.fr/

交 Porte Maillot (メトロ1番線) からバス244番 (約20分おき) に乗り、Pré-Catelan Bagatelleにて下車。徒歩約2分。タクシーを利用するのもおすすめ。

歴史あるシャイヨー宮の地下で、色鮮やかな熱帯魚を目の当たりにして、歓喜の声を上げる子どもたち。

水族館とシネマが融合したテーマ・パーク

Cinéaqua Paris

シネアクア・パリ

フランス国内外の魚が集う

エッフェル塔と向かい合う優美なシャイヨー宮。その地下に水族館がある。1878年のパリ万博の際、フランスの川魚を紹介するために設立された。1937年には、世界有数の水族館になったが1985年に老朽化のために閉館。そして2006年の大改装の末、二つのシアターを備える「シネアクア・パリ」として生まれ変わった。広さ3,500平方メートルに43の水槽、400万リットルの水の中に、多彩な魚たちが飼育されている。もっとも人気を集めるのはサメの水槽。海底で眺めているかのような美しくダイナミックな演出が素晴らしい。続いて人気があるのが“Le Bassin Caresses（ル・バッサン・カレッス）”と呼ばれる水槽だ。ここでは水や魚に直接触れることができる。見るだけでなく「参加型」というのがパリの博物館に共通する点かもしれない。
水族館には、フランス国内だけでなく、“DOM-TOM（ドム・トム）”と呼ばれるフランス海外県や海外領土に生息する魚も集う。同じ「魚」と称するものの、形や色の違いに、子どもたちは目を丸くし、大人たちも驚きを隠せない。

魚をテーマにしたドキュメンタリーや映画が楽しめる

シネアクアの最大の特徴は、なんといっても館内にシアターがあることだろう。二つのシアターのうち、ひとつは海の生物に関するドキュメント。特に人気のサメを題材にしたものが多い。もうひとつのシアターは『ピーター・パン』『借りぐらしのアリエッティ』のようなアニメから、『アメリ』『パイレーツ・オブ・カリビアン』といった家族で楽しめる映画を英語の字幕つきで上映。プログラムはHPで確認できる。子ども向けのアトリエもある。テーマに沿ってお絵描きしたり映像を追いかけたり。1回15～25分ほどで、スタッフは英語やジェスチャーを交えて説明してくれる。飛び込み参加もOKなので、気軽に参加してみよう。

一通り水族館を楽しんだ後は、少しPause-café（コーヒー・ブレイク）。館内には、パリジェンヌ・ママに人気の和食のレストラン“OZU（小津）”がある。シネアクア内でも2番目に大きな水槽を眺めながらランチやディナーができる。併設の“Zen Café（禅カフェ）”では、軽食も用意されている。和ということもあり、ほっと一息。しかし「水族館と和食」、なんともユニークな組み合わせだ。

左：鯉などの魚や海の生物に直接触れられる「ル・バッサン・カレッス」。右：シアターではサメに関するドキュメンタリーを上映。

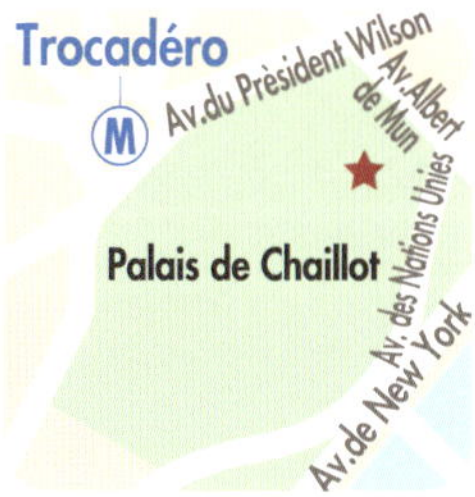

Cinéaqua Paris

シネアクア・パリ

住 5, avenue Albert de Mun 75016 Paris
駅 Trocadéro（メトロ6、9番線）
T 01 40 69 23 23
時 10:00～19:00
休 7/14
€ 一般：19.5ユーロ
13～17歳・60歳以上：15.5ユーロ、
3～12歳：12.5ユーロ、3歳未満：無料
※アトリエは水、土、日の午後に開催（7、8月は毎日）。アトリエ、シアターともに無料。
http://www.cineaqua.com/

大人気キャラクターのテーマ・パーク

Parc Astérix

アステリックス・パーク

ビジターのほとんどがフランス人

「パリからずいぶん遠くまで来たものだ」と思うかもしれない。ここはパリの郊外Plailly（プライイ）。フランス人がミッキーマウス以上に愛するキャラクター「アステリックス」のテーマ・パークがある。アステリックスとは、1959年に公開されたB.D.（フランス式の漫画）の人気キャラクター。日本で言えば、「ドラえもん」といったところか。誰もが知る国民的アイドルだ。
舞台は古代ローマ時代、主人公アステリックスのモデルになったのは、ジュリアス・シーザーと戦ったガリア（フランス）の英雄ウェルキンゲトリスクと言われている。ローマ人のシーザーがガリアの村を次々征服する中、小柄ながらも知識の豊富なアステリックスと、大柄でおっとりした力持ちのオベリックスが力を合わせてガリアを守る、というストーリー。その漫画の世界を再現したのがこのテーマ・パークというわけだ。観光地でありながら、ビジターの85パーセントがフランス人と、国内人気が圧倒的。残り15パーセントは、近郊のベルギー、イギリス、ドイツからの観光客。つまり、ここで日本人とすれ違うことはまずない。そんなパーク全体をまずは散策してみよう。

湖のまわりにオープンしたヴァイキング村の絶叫マシーンGoudurix（グーデュリクス）は大人気のアトラクション。他に遊覧船や、巨大回転木馬なども。

左：イルカショー。曲芸師が女性とあって、イルカと泳ぐ姿も優美。右上：自然の中で、親子ともリラックス・ムードたっぷり。右下：床から水が噴き出す遊び場で子どもたちは大はしゃぎ。

フランス人ファミリーの素顔に出会える場所

パーク内には大きな湖もあり、天気の良い日には散歩コースにもなる。新コンセプトの一環として、ピクニック・テーブルも設置された。通常、園内でピクニックはできないが、特設のピクニック場においては可能。テーブルではフランス人ファミリーたちがお弁当を広げて、のどかなひとときを満喫している。トイレの場所と、1か所のみ用意されたベビー・ルームはマップにてご確認を。スタッフのおすすめはスペクタクル。中でも一番人気は、イルカの曲芸“Révérence（レヴェレンス）”で、1日4回開催される（11:00、13:30、15:00、16:45）。生まれたばかりの赤ちゃんイルカも参加し、プロ意識のある大人のイルカに比べると、危なっかしいが、愛らしい曲芸に子どもたちの視線も熱い。パリから少々遠いが行く価値あり。フランス人ファミリーの素顔が見られる貴重なスポットだ。

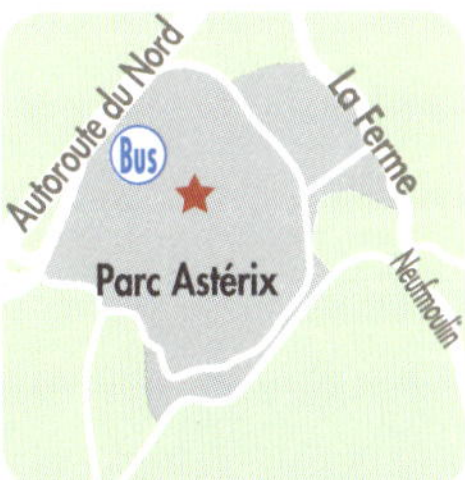

Parc Astérix

アステリックス・パーク

住 Parc Astérix, BP8, 60128 Plailly
T 01 48 62 38 33
時 10:00〜18:00
休 11月上旬〜4月上旬（その他不定休あり）
€ 12歳以上：40ユーロ、
3〜11歳：30ユーロ、
3歳未満：無料
http://www.parcasterix.fr/

交 ナヴェット（バス）：ルーヴル美術館地下のパーキング（Carrousel du Louvre）からアクセス。8:45発、現地18:30発の1往復のみ。RER+ナヴェット（バス）：RER B3の駅“Aéroport Charles de Gaulle1”で降りる。駅構内に、「Parc Astérix行き」の矢印が点在するのでその方向に出る。ナヴェットのチケットは、改札を出て右手。ナヴェットは11歳まで往復5.20ユーロ、12歳以上6.90ユーロ。9:00〜19:00まで30分毎に出ている。

左：子どもたちは名前の入ったコック帽を被り、すっかりプチ・シェフ気取り！　中：みんなで料理を学ぶキッチン。右：女性に大人気のシリルさん。

国民的アイドル・シェフの子ども向け料理教室

Cuisine Attitude by Cyril Lignac

キュイジーヌ・アティチュード・バイ・シリル・リニャック

パリジェンヌ・ママを魅了する若きシェフ

パリにて、三ツ星シェフの名前を知らずとも、このハンサムなシェフ、シリル・リニャックさんの名を知らぬものはいない。15区の洗練された高級フランス料理店“Le Quinzième（ル・キャンジエーム）”を始め、次々とビストロをオープンし、波に乗っている彼。1977年生まれ、16歳から料理の世界に飛び込み、三ツ星レストラン、“L'Arpège（ラルページュ）”から始まる輝かしい経歴を持つ若干34歳のシェフだ。彼の店はどれも庶民には敷居が高い。にもかかわらず、ここまでの知名度を誇るのは、テレビの料理番組への登場がきっかけ。長身でハンサム、フランス南西地方の訛りが抜けない口調、そして、屈託のない笑顔も素敵で、お茶の間のパリジェンヌを魅了し続けている。見かけだけでなく、彼の料理に対する情熱は素晴らしく、現代の食生活の改善に精力を傾ける姿勢も立派。さらには、相当数のレシピ本を世に送り出している。
2010年末、パリにて人気沸騰中の北マレにシリル・リニャック本部を構えると同時に、料理教室をオープンさせる。ギャラリーやアトリエが並ぶ、袋小路の一画で、元ショールームだったという空間を大改装。ガラス屋根から陽光が射し込む心地良いスペースに、モノトーンのシックな内装が清潔感を与える好環境だ。

好評の子ども向けレシピ本も販売されている。教室に参加しなくとも購入可能。

子ども向けの新たな試みを次々と発信

ここでは大人向け料理教室の他に、子ども向け、さらに子ども&大人向けの教室もある。「伝達することと分かち合うことは大事なことだから、子どもと大人が一緒に参加できる教室を僕のアトリエに開設したかったんだ。料理は何よりもまず、世代から世代へ伝達されるべきもの。時間を分かち合い、喜び合えるもの。特に今日、とても重要だと思うのは、子どもたちが小さいころから味覚を鍛錬することだよ」とシリルさんは語る。「Table d'Hôte（会食用の大テーブル）にてConviviale（和気あいあい）に自分たちで作ったものを食べるんだ」と、ここでは、キッチンで作った料理を、シェフを囲んでみんなで食べることを大切にしている。また、子どもたちに家で再現してもらうことも、料理を教える目的のひとつ。そのために難題は与えない。
教室以外にもさまざまな試みがある。Stage（スタージュ）と呼ばれるものは、火曜日から土曜日まで同じ子どもたちが集う。まず平日はレシピを学び、土曜日に親の前で実践して、一緒に食べるそう。その間、市場へ行くなどの社会科見学も行う。学校が休暇のときには、ヴァンセンヌなど郊外にある農場で、ヤギや羊などの動物に出合い、フルーツや野菜を摘むといった授業もある。また、子どもの誕生日パーティーを催すなど、子ども向けに多岐にわたるテーマを発信するアトリエとして、今後も期待される。
英語の通訳つきのアトリエもあるので、ぜひ親子で挑戦してみて欲しい。パリジェンヌ・ママたちの食へのエスプリを知ることができる場だ。また、シリルさんがキッチンに立つ日は多くはないが、もしかしたらその姿を垣間見られるかもしれない。

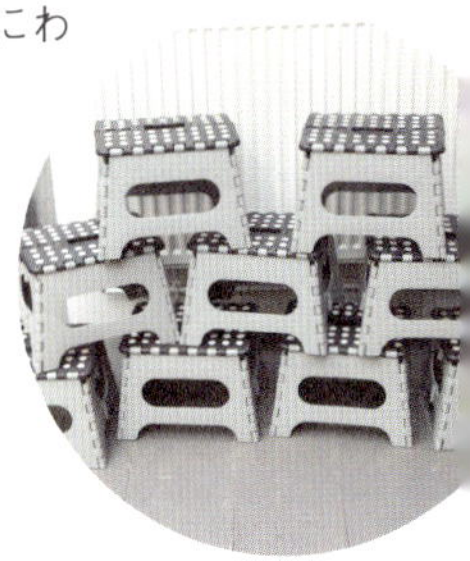

Cuisine Attitude by Cyril Lignac

キュイジーヌ・アティチュード・バイ・シリル・リニャック

住 10, cité Dupetit-Thouars 75003 Paris
駅 Temple（メトロ3番線）、République（メトロ3、5、8、9、11番線）
T 01 42 56 11 26
€ 6～11歳：40ユーロ（90分）、6～11歳&大人：100ユーロ（90分）
http://www.cyrillignac.com/

パリの主な子ども行事と祝日

	日付（赤字は祝日）		名称（紫字はカトリックのお祝い）
	固定	年によって変動	Français
Janvier 1月	1月1日		Jour de l'An
		元旦後、最初の日曜日	Épiphanie (Fête des Rois)
Février 2月	2月2日		Chandeleur
		公現祭の翌日から マルディ・グラまでの期間	Carnaval
	2月14日		Saint-Valentin
		復活祭の47日前の火曜日	Mardi-Gras
		2月〜3月に約2週間	Vacances d'Hiver
Mars 3月		3月最終日曜日	L'Heure d'Été
		3月〜4月に約2週間	Vacances de Pâques
Avril 4月	4月1日		Poisson d'Avril
		春分の日の後、最初の満月の次の日曜日	Pâques
		復活祭の翌日の月曜日	Lundi de Pâques
Mai 5月	5月1日		Fête du Travail
		5月最終日曜日 聖霊降臨祭と重なる年は、6月第1日曜日	Fête des Mères
		5月最終金曜日	Fête des Voisins
Juin 6月		6月第3日曜日	Fête des Pères
	6月21日		Fête de la Musique
		6月末	Fête de l'École
		6月末〜9月初め	Vacances d'Été
Juillet 7月	7月14日		Fête Nationale (Le 14 Juillet)
Août 8月	8月15日		Assomption
Septembre 9月		9月第1月曜日 または木曜日	La Rentrée
		9月第3週末	Journées du Patrimoine
Octobre 10月		10月最終日曜日	L'Heure d'Hiver
		10月〜11月に約2週間	Vacances de Toussaint
Novembre 11月	11月1日		Toussaint
	11月2日		Défunts
Décembre 12月	12月6日		Saint-Nicolas
		年末〜年始に約2週間	Vacances de Noël
	12月24日		Réveillon de Noël
	12月25日		Noël
	12月31日		Réveillon de la Saint-Sylvestre

日本でもフランスでも、季節のイベントは子どもたちにとってのお楽しみ。
パリの子ども行事を少しだけご紹介しよう。

	キーワード
日本語	パリジェンヌ親子の活動内容
元旦	大晦日の夜のパーティーを延長して新年を祝うことが多い
公現祭	ガレット・デ・ロワを食べる
聖燭節	聖母お清めの日。クレープを食べる習慣がある
カルナヴァル（謝肉祭）	各地でカーニバルのパレード
バレンタイン・デー	大事な人に贈りものをする
マルディ・グラ	カルナヴァルの最終日。クレープを食べる習慣がある
冬休み	スキーなどに行くことが多い冬の休暇
夏時間	午前2時に時計を1時間進める
復活祭の休暇	復活祭を挟んで約2週間の休暇
エープリル・フール	子どもたちは紙で作った魚を誰かの背中に 貼りつけていたずらをする
復活祭	チョコレート、子羊肉の料理を食べる習慣がある
復活祭の月曜日	
メーデー	スズランの花を贈る。デモ行進
母の日	ママにプレゼント
隣人の日	近所の人との交流パーティー
父の日	パパにプレゼント
音楽の日	パリの至るところで無料コンサート。 夏至と同じ日のことが多い
学校パーティー	学年末の学校パーティー
夏休み	一番長い休暇
革命記念日	軍事パレード、花火大会、ダンス・パーティー
聖母被昇天の大祝日	
新学期	新学年に上がる
文化遺産の日	普段公開されない歴史的建造物の一般公開。 美術館などが無料
冬時間	午前2時に時計を1時間遅らせる
秋休み	万聖祭を挟んで約2週間の休暇
諸聖人の祝日（万聖祭）	1日か2日にお墓参りをして花を供える習慣がある
死者の日	
聖ニコラの日	地方によってはクリスマスより盛大に祝う
クリスマス休暇	クリスマスと元旦を挟んで約2週間の休暇
クリスマス・イブ	クリスマスの前夜を祝い、家族が集まって食事。 ビュッシュ・ド・ノエルを食べる習慣がある
クリスマス	キリスト生誕の日。家族で集まって祝う
大晦日	パーティーをしながら新年を迎える

旅行者が体験できるパリの行事

パリの季節イベントの中から、旅行者が家族で気軽に楽しめるものを抜粋。
特に、その時期にしかないお菓子や商品は、買ってみるだけでも思い出になるだろう。

1月1日　Jour de l'An（元日）

大晦日の夜から友人や家族と集まって大宴会が開かれる。深夜0時、"Bonne Année（ボナネー）" と言いながら、全員と頬にキス。エッフェル塔やシャンゼリゼ大通りもカウントダウンが行われるころには大賑わい。ただし、毎年、スリが多発するため、ホテルで静かにテレビを見ながらゆっくり過ごすのも悪くない。

元旦後、最初の日曜日　Épiphanie（公現祭）

Fève（フェーヴ）と呼ばれる陶器製の小像の入ったお菓子、Galette des Rois（ガレット・デ・ロワ）を食べる日。昔は本物のFèves（そら豆）を使っていた。自分の分にフェーヴが入っていたらその日は王様か女王様になれる、という遊びをする。ガレットはブランジュリーやスーパーで買うことができるので、おやつや朝食に試してみては？　もし可能なら少々温めるとより美味しい。

2月14日　Saint-Valentin（バレンタイン・デー）

カップルがお互いにプレゼントをする。おませなおチビさんたちは、早くからこの日に興味津々。好きな女の子や先生に「花をプレゼントしたい」と駄々をこねる子も。夫婦やカップルの場合は、小さなチョコレートの包みやミニ・ブーケなどをお互いに贈ってみよう。

春分の日の後、最初の満月の次の日曜日　Pâques（復活祭）

チョコレート屋さんでは卵型や魚型などのチョコレートが売られる。お土産に買ったり、ホテルの部屋で食べ比べたりするのも楽しい。

5月1日　Fête du Travail（メーデー）

家族や友人同士でスズランを贈り合う。パリの街角でスズランを売っているのを見かけることもある。花屋などで花束を買うのもおすすめ。

5月最終日曜日　Fête des Mères（母の日）

子どもがママにプレゼントをする日。"Je t'aime（愛してる）" というメッセージ入りのカードや作品、またはパパと一緒にお花やチョコレートなどをプレゼント。子どもからの小さなプレゼントに期待。

6月第3日曜日　Fête des Pères（父の日）

子どもがパパにプレゼントをする日。母の日同様、愛のメッセージ入りのカードや作品、小さなプレゼントなどを贈る。パパへの気持ちを込めて、ママも一緒にお花やチョコレートなどを選ぼう。

12月24日　Réveillon de Noël（クリスマス・イブ）　&　12月25日　Noël（クリスマス）

家族が集まってパーティー。Bûche de Noël（ビュッシュ・ド・ノエル）と呼ばれる切り株をかたどったケーキを食べる。日本の正月に近い感覚。ビュッシュはブランジュリーやスーパーで買える。ホテルなどでご堪能あれ。

Chapitre 5

ママが嬉しい
お外ごはん＆カフェアドレス

パリジェンヌ・ママも、子どもと外食をするのはひと苦労のようだ。特に、食事のマナーが大事とされるフランスでは、子どもがレストランで騒ぎ出しては親のしつけを問われてしまう。そこで、ファストフードやファミレス、中華レストランなどを利用することもある。でも、ときには家事から解放され、子どもと一緒にゆっくりと美味しい食事を楽しみたい。そんなママの味方となる外ごはんアドレスは、子どもにとっても大人に近づける貴重な場所となる。

05
Guide touristique de Paris pour mamans et enfants
Adresses des tables qui ravissent les mamans
P.95-109

「新しい友達と出会える」がコンセプト

Cafézoïde

カフェゾイド

12歳のころからの夢を実現したカフェ

新開発地区として十数年前より躍進するラ・ヴィレット地区のウルク運河に面した噂の子どもカフェ「カフェゾイド」は、ファサードからしてモザイクに色が舞い、どこか楽しげだ。「この場所を選んだのは、19区が一番子どもの出生率が高いからです」と、創設者のアンヌ＝マリーさん。「子どもカフェの実現は、12歳のころからの夢でした。友達と訪れるため、そして新しい友達と出会うための子どものカフェが欲しいと思ったんです。子どもながらも自由を求めて。でも、大人は子どもがカフェに出入りすることを好みませんでした」。
10年程前、全く異なる分野の仕事を辞め、オープンしたのがこのカフェゾイド。「2002年8月、私たちは非営利のアソシエーションとしてこの子どもカフェを立ち上げました。10人以上雇用人を増やさないという条件で。それは、このプロジェクトを理解しうる範囲での人数、ということですね。雇用人の他に、ボランティアの人がいます」。ボランティアは、誰でも参加できるそうだ。
「この店の内装は、子どもたちと一緒に作り上げました。最初は2階への階段すらもなかったので、1から作ったんですよ。このモザイクも、インテリアも全て大人と子どものコラボレーションによるものです。構想から完成までになんと

子どもと一緒に作った、モザイクのカウンター。子どもたちが自由を満喫できる店内では、お金をかけずに、人との触れ合いを楽しめる。

2年を要しました」。
1階には、モザイクのタイルに覆われたカウンターと、子どもも料理を手伝えるキッチン。2階は、大人のアドバイスのもとに、音楽を奏でる、踊る、歌う、絵を書く、ゲームをする、パソコンを操る、読書をする、これらが同時に行われる場所。店内は常に子どもで溢れ、賑やかだ。大人が演奏するギターに合わせて子どもはスイングする。その生き生きした子どもたちを見ることは、なんと大人たちにとっての喜びであろうか。

「きれいでしょ」と、ボランティア参加のマダムによる即席タトゥーにご満悦。

大人同士も出会える場所

「現在フランスには20の子どもカフェがあります。私たちは国際的な子どもカフェ連盟を作ることを決意しました。日本からも問い合わせがありましたよ」。
同時に大切なことは、"Droits des Enfants（児童の権利に関する条約）"を守ることだという。これはフランスに限らず、世界の数か国で結んでいる条約。この文面はとても重要なものだと語る。「両親の離婚に関しても、子どもの声を聞く、というのも子どもの権利です」。
カフェゾイドを訪れていたパリジェンヌ・ママのヴェロニックさん。「8歳の息子がまだ生後数か月のころから通っています。その後、託児所で仕事をしていたので、2、3歳の子どもたちを連れて来ていました。子どもたちは自由で、子どもに対するセキュリティーの心配もなく、私自身も楽しんでいます」。
「ここには大人同士の出会いもあります。子ども生活の現実があり、活動があるので、ママだけでなく、パパも多く訪れるんです」とアンヌ＝マリーさん。彼女がオープン準備で疲れ切っていたとき、子どもと無邪気な会話を交わしただけで癒されたことがあるという。「子どもの言葉はまるでポエムね」と彼女は嬉しそうにつぶやいた。

Cafézoïde
カフェゾイド

住 92 bis, quai de la Loire 75019 Paris
駅 Laumière（メトロ5番線）
T 01 42 38 26 37
時 10:00〜18:00
休 月、火
http://www.cafezoide.asso.fr/

€ 入館料:子ども1人2ユーロ、大人は有志で寄付をする
（コーヒー 1ユーロ、ミントティー 1ユーロ、フルーツジュース 1.5ユーロ、クレープ 1.5ユーロ、ランチ 大人4.5ユーロ・子ども半額 など）

Marcel

マルセル

一見シックな大人のカフェ

ボントン（P.57）の創業者、イレーヌ・コエンさんに、パリで子どもと食事をする場所を尋ねると、「モンマルトルのマルセルね」と即答。「マルセル」といえば、今、業界人の間で評判になっている店だが、子どもとは結びつかなかったので、すぐに訪ねてみた。

モンマルトルの観光名所、テルトル広場からNorvins（ノルヴァン）通りを西に下ると、高級住宅街が立ち並ぶJunot（ジュノ）大通りへと続く。この辺りは観光地の喧噪から逃れ、モンマルトロワ（モンマルトルの人々）に出会える素敵な散策地。ジュノ大通りと、緑に彩られたかわいい一軒家が並ぶ小径、Villa Léandre（ヴィラ・レアンドル）の角にある、シックな店がマルセルだ。ランチ時には待っているお客さんがたくさんいることからその人気度も分かる。2つの通りに広がるテラスも、ベビー・カーを置けるほどゆったりしていて魅力的。それでも、大人のおしゃれ感が優先してしまい、「子ども」とはいまだ結びつかない。

「私には、4歳と7歳の2人の子どもがいるんです。フランスでは子ども同伴で入れる店が少ないでしょう。食事にも苦労したんですよ」と、35歳のオーナー、アレクサンドラ・ドゥラリヴさん。スイスのローザンヌでホテルの学校へ行った後、レストランで10年働き、店を辞める。「そのとき、今までとは異なることをしよう、というアイデアが芽生えたんです」。元ブランジュリーだったモンマルトルの店舗を友人から紹介されて一目ぼれ。第2の人生に向かって飛び立つ決意をしたという。

大人の社交場に子どもが過ごせる場所を

「マルセルは、喜びを感じる場所であり、私の大好きなものや、インスピレーションが反映される場所であること」というコンセプトから、2児のママである彼女の思いは子どもに近づいて行く。「トイレを広くし、オムツ換え用クッションを置きました。ボントンのキッズ用の高い椅子もあります。これは、私の子どもが使っていたもののリサイクルね。シュセット（棒つきボンボン）や、クレヨン、マルセルのオリジナル塗り絵もあるんですよ」。本来は大人の社交の場であるカフェやレストランの中に、子どもが入る隙間を「子どもらしい過ごし方」ができるように作っているセンスの良さ。フランス人的な大人と子どもの立場それぞれが、上手に反映されているように思える。2010年12月のオープン後、マルセルはすぐにおしゃれなスポットとして浮上。近所のママたちで賑わっているかと思えば、有名な映画俳優が食事に来ていたりもする。

「メニューは、多くのジャンルが混ざっているのよ。私自身、アメリカやイギリスの料理を提案するのが大好きなの」とアレクサンドラさん。ここでは彼女が全てのレシピを考案する。ママのレシピだから、子どもも大好きなはず！「学校の帰り際に、子どもとおやつを食べに来るママが多いのよ。ママにはチーズ・ケーキや抹茶ティー、子どもにはワッフルが人気ね」。フランスでは、小学生には保護者による送迎が義務づけられている。子どもを迎えに行った帰りに、自分も楽しんでしまうのがパリジェンヌ。週末のブランチにも子どもと一緒に訪れるそう。ここは、おしゃれママにおすすめしたい「子どもと一緒が素敵」なスポット。

左：棚には多国籍の食品が並ぶ。中：子ども思いの優しいスタッフが待っている。右：マルセルのオリジナル塗り絵があり、色鉛筆も使うことができる。

Marcel

マルセル

住 1, villa Léandre 75018 Paris
駅 Lamarck-Caulaincourt（メトロ12番線）
T 01 46 06 04 04
時 10:00〜19:00（土〜火）、
10:00〜23:00（水〜金）
休 無休
€ チーズ・ケーキ 4.5ユーロ、
ワッフル 12ユーロ、
スムージー 6.5ユーロ など

リッチな気分になれる人気ブティックのサロン・ド・テ

Bonpoint

ボンポワン

エレガントな内装と美味しい料理が堪能できる

子ども連れで心置きなく足を運べるサロン・ド・テ。それはリュクサンブール公園に程近い人気の子ども服ブティック“Bonpoint（ボンポワン）”の地下にある。隠れ家的な静かな佇まいは、サンジェルマン・デ・プレ界隈の喧騒から逃れてのランチ・タイムにぴったりだ。子ども用メニューもあり、ショッピングの途中に「ちょっとひと休み」ができるため、パリジェンヌ・ママたちの間でも評価が高い。
ブティック内の階段を下りて行くと、石造りのアーチ型の天井と、黒いコンクリートのフロアが広がる。柔らかい照明とシンプルかつエレガントな内装。まさにボンポワンのイメージにふさわしいシックな空気が漂う。絵本、子どもの写真、ハイチェアなどがなければ、子どもの店の地下だということをすっかり忘れてしまいそうだ。夏の天気の良い日には、フランス式庭園の100年を越すマロニエの木陰でランチが楽しめる。

奥から、チーズ・ケーキとブラウニー。素材の濃厚な味にうっとり。

季節ごとに変わるメニューはシンプルでヘルシー。しかも絶品。それもそのはず、実はこのサロン・ド・テは2区にあるパッサージュ、Galerie Vivienne（ギャラリー・ヴィヴィエンヌ）内にある評判のサロン・ド・テ“A Priori Thé（ア・プリオリ・テ）”と同系列。料理の味に定評があるのもうなずける。メインの部屋にある中央の大きなテーブルにはブラウニーやクランブルといったパリジェンヌには懐かしいケーキやお菓子が並んでいる。訪れるママも見るだけでワクワクしてしまうほど。子どもとランチを食べる前に、ここの部屋でデザートを決めておくことをおすすめする。

子どもが一緒でも気兼ねなく楽しめる空間

「ブローニュに住んでいるけれど、このブティックは特別だから、ときどきこうして来るのよ」と話すのは、もうすぐ3歳になるイネスちゃんと一緒にランチをするママのジェラルディンさん。チキンとインゲンのサラダを食べるママの向か

左：ジェラルディンさんとイネスちゃん。右：店内奥にハイチェア、窓辺に絵本などが配置されている。

いではイネスちゃんが子ども用のパスタを美味しそうにほお張る。イネスちゃんが注文したパスタは、トマトソースとパルメザンの粉チーズが別のグラスで用意されていて、自分でパスタにかけられるようになっている。そのため、イネスちゃんはちょっぴりお姉さんになった気分で嬉しそう。見渡せば、パリジェンヌ・ママだけでなく、マダムやムッシューもゆったりとした空間と時間を楽しんでいる。ヘルシーでシンプルな料理は大人にも人気。あっさりとした料理の後は、濃厚なチーズ・ケーキ（8ユーロ）やこってりとしたショコラのブラウニー（7ユーロ）がまた格別美味しい。素材が凝縮された味にうっとりしてしまう。

ついつい長居をしてしまうサロン・ド・テ、ボンポワン。リュクサンブール公園で遊び疲れた後、少しリッチなおやつの時間を過ごすのにもいい。にこやかで優しそうな店長のクロードさんの細やかな心遣いにほっと一息つくママも。「子どもが騒ぐのでは？」という心配がいらない開放感は、ママにとって何よりのプレゼント。ママも時間を忘れて優雅にパリを堪能できるアドレスだ。

Bonpoint

ボンポワン

住 6, rue de Tournon 75006 Paris
駅 Odéon（メトロ4、10番線）
T 01 56 24 05 79
時 10:00〜18:00
休 月、日、祝
€ 今日のおすすめ料理 16ユーロ、子ども用メニュー 12ユーロ など
http://www.bonpoint.com/

カフェのキッチン。美味しそうなお菓子やサンドイッチがずらりと並ぶ。

「スウェーデン文化センター」内にある隠れ家カフェ

Café suédois

カフェ・スエドワ

ナチュラルなインテリアとアートに包まれる空間

パリのマレ地区にはママたちに優しいアドレスがたくさんある。中でも、映画、コンサート、スウェーデン語教室などを開催しているのが“Institut suédois à Paris（パリ・スウェーデン文化センター）”。この文化センターでは、子どもの教育、アートに力を入れている。文化センターに併設される「カフェ・スエドワ」もそのひとつ。パリジェンヌ・ママたちの間で人気のカフェだ。2002年にカフェを作るプロジェクトがスタート。文化センターの庭にテーブルと椅子をセットし、軽食を提供することから始まった。もともとカフェ用のキッチンではなかったため、「オーブンのある地下から長い階段を全力で駆け上がるような状況が続きました。何をするにも移動が多くて、とにかく不便でした」と、チーフのアンナさんは話す。スタッフのまかない用の台所で料理を作り、窓から運び出すこと数か月。2003年、念願だったキッチンつきのカフェがオープンした。カフェに一歩足を踏み入れると、パリのカフェらしくエスプレッソの香りととももに、透明感のある澄んだ空気に包み込まれる。インテリアも、白い壁や、ナチュラルカラーのカウンター、北欧風の家具などシンプルそのもの。晴れた日は、室内に木漏れ日が射してなんとも心地良い。テーブルの間隔もゆったりしていて、親子のプライベートな空間も保たれる。センスの良いインテリアにはパリでアートを学んだアンナさんの経験が活きている。

パリジェンヌもびっくりのロープライスは魅力！

気になるカフェのメニューは、スウェーデンで日常的に食べるものが中心。シンプルがモットーだけあって、メニューも至って簡単。スープとサンドイッチ、それにお菓子類と飲みものといったラインナップ。パンは早朝から仕込んで店で焼く。毎日変わるスープは野菜たっぷりのベジタリアン・スープ。パンからサラダやフロマージュなどの具がはみ出そうなサンドイッチはいわゆるオープン・サンド。特に人気なのは、キャロット・ケーキ。スウェーデンらしいものではBrioches à la Cannelle（ブリオッシュ・ア・ラ・カネル）、いわゆるシナモン・ロールや、コーヒーに添えるお菓子、Petits Gâteaux（プティ・ガトー）。ドリンクもパリのカフェで見かけるソーダ類はあえて置いていない。スタッフはプロのパティシエやパン屋さんではないけれど、素材の良さと素朴な味つけが売り。
実は、チーフのアンナさんも3人の子どものママ。そのため「パリの美術館などのカフェは値段が高い！」という自身の経験から、値段を低めに設定している。ただし、メニューは大人も子どもも同じ。カウンターに並べられたものを指差しで買えるので、言葉の通じない観光客でも問題ない。
オープンから8年が経ち、アンナさんの希望通り、ママたちの過ごしやすい場所としてすっかり定着した。ここまで静かで落ち着ける場所はパリでも珍しい。と同時に普段着のパリとパリジェンヌの生活が垣間見られるカフェと言えるだろう。

Café suédois
カフェ・スエドワ

住 11, rue Payenne 75003 Paris
駅 Saint-Paul（メトロ1番線）、
Chemin Vert（メトロ8番線）
T 01 44 78 80 20
時 12：00～18：00（水～日）、
12：00～21：00（火）
休 月
http://www.ccs.si.se/

€ 日替わりスープ 6ユーロ、サンドイッチ 5ユーロ、お菓子類 4ユーロ、ブリオッシュ・ア・ラ・カネル 3ユーロ、プティ・ガトー 1.5ユーロ、お茶・コーヒー 2ユーロ、ジュース 2ユーロ など

「おばあちゃんの手作りお菓子」に出合える

Mamie Gâteaux

マミ・ガトー

愛情たっぷり、フランスの家庭的なお菓子

ボン·マルシェ百貨店の近くにあるCherche-Midi（シェルシュ・ミディ）通り。ビストロやサロン・ド・テが並び、ハイソなカルティエ（地区）の中で下町の香りが残る通り。ここに2003年にオープンした小さなサロン・ド・テがある。「マミ・ガトー」。「お菓子のように甘く優しいおばあちゃん」という意味だ。オーナーは、日本人パティシエ、マリコ・デュプレシさんとご主人のエルヴェさん。あっさりとした外観だが、中に入ると懐かしさに包まれる。昔のフランスの学校を思わせるテーブルや椅子、雑貨がセンス良く飾られた店内。そして、思わず手に取りたくなるお菓子たち。ひとつひとつのハーモニーに、懐かしさと親しみを覚える。カウンターの奥で優しい笑顔で働いているスタッフのクリスティーヌさんは、マリコさん曰く、「お店のマスコット」。まさにマミ・ガトーのイメージ・マダムだ。

ここで味わえるのは、「おばあちゃんの手作りお菓子」。現代の忙しさでは手間をかけてお菓子を作る時間はないかもしれないけれど、フランスの家庭ならどこでもありそうなホームメイドのおやつ。「たくさん作ってしまったから、ご近所さんにおすそ分け」といった雰囲気の素朴なものばかり。タルトやケーキ（5ユーロ）、スコーン（4.5ユーロ）やパン・ペルデュ(フレンチ·トースト 5.5ユーロ)などなど、実家の味を求めて地元の人や、ショッピング途中のパリジェンヌ・ママたちがやって来る。

クリスティーヌさん。オーナーのマリコさんがイメージしていた優しい笑顔のマダムそのもの。

ランチ・セットのサラダやタルト、スープ、クランブルなどには、季節の食材がふんだんに使われている。旬の味を大事にするのは、いつの時代も母心。材料選びも台所の延長だ。ランチが終わって、ティー・タイムに登場するスコーンにはオリジナル・ジャムが添えられる。「これだけは自分で最初から最後まで作る」というマリコさん。こだわりのあるジャムには愛情がたっぷり込められている。この特製ジャム（5ユーロ）は店内で購入することも可能。

マリコさん特製ジャム

パリジェンヌ・ママたちもくつろぎのティー・タイム

パリジェンヌ・ママのマドレーヌさんとステラさんは、近くに住む常連のお客さん。「ランチにもお茶にも2人で良く来るのよ」という仲良し姉妹。懐かしい雰囲気のサロンで、家庭的な親しみのある料理やお菓子を食べながら、おしゃべりに花が咲く。テラスのテーブルでは、友達と待ち合わせをしているマダムがゆっくりとティー・タイム中。聞けば、民宿を経営しているそう。「とても懐かしい雰囲気で、嬉しくなってしまうわ。安心感の持てるお店ね」と思わず顔もほころぶ。エルヴェさんの話では、近所のムッシューたちもひとりでランチやお茶を飲みに来るそうだ。特に水曜日や土曜日の午後は学校が休みの子どもやパリジェンヌ・ママたちで賑わう。中には、赤ちゃんを抱っこしてやって来るママもいる。美味しいお菓子を味わいつつ、授乳をして行くのだという。おばあちゃんの味を子どもたちに伝えたいと願いつつ、自分もしっかり楽しんでしまうのがいかにもパリジェンヌらしい。
そんな、おばあちゃんの家に遊びに来たような気分になれる懐かしいサロン・ド・テは地元に溶け込み、パリジェンヌ・ママたちの憩いの場所となっている。

仲良し姉妹の指定席。店内には懐かしい雰囲気のキッチン用品が飾られている。

Mamie Gâteaux
マミ・ガトー

住 66, rue du Cherche-Midi 75006 Paris
駅 Sèvres Babylone（メトロ10、12番線）、Saint-Placide（メトロ4番線）
T 01 42 22 32 15
時 11:30〜18:00
休 月、日
€ ランチセット 10ユーロ〜
http://www.mamie-gateaux.com/

ブルターニュ人も家族連れで来るクレープリー

Ty Breiz

ティ・ブレイツ

一見さんでも入りやすい温かい雰囲気

パリジェンヌ・ママたちの大好物といえば、ガレットやクレープ。Montparnasse（モンパルナス）駅の裏手に、クレープリーが軒を連ねるエリアがある。もともとガレットやクレープはブルターニュ地方の名物だが、TGV（高速鉄道）ができたことからモンパルナス界隈に伝わったと言われている。そのメッカがモンパルナス通りである。クレープ好きのママたちはこの通りの常連。みんな、お気に入りのクレープリーをひとつくらい持っている。中でも人気なのが、「ティ・ブレイツ」だ。モンパルナス通りからは少々外れたところにあるため、観光客にはなじみが少ないが、店内は広く、春から夏にかけてテラス席も設けられるので、子ども連れでも気軽にアクセスできるアドレスだ。

1970年創業のこのクレープリーには、「ビストロ」風の温かみがある。フランスでビストロというと、味、値段、サービスの三拍子揃っていること。そして、お店の人と近所づき合いができるのが特徴だが、このティ・ブレイツにもそんな雰囲気がある。いつ行っても、店内はわいわいと賑やか。一見さんでも大丈夫。家族はもちろん、カップルで行っても、友人と一緒でも楽しめる場所だ。

サラダつきなのが何とも嬉しいラ・コンプレット・ベコン。

店内に入るとそこはもうブルターニュ。木造りの空間には、ブルターニュのシンボルの旗を始め、ケルト海を思わせる船の模型や舵などのオブジェが飾られている。カンペール焼きのシードル・カップ、使い古された食器や鍋、絵の飾られた壁から家庭的な温かみを感じる。耳をすませば、波の音が聞こえてきそう。

ボリューム満点のガレット＆クレープ

メニューにはガレット、クレープ、そしてボリュームたっぷりのサラダがある。ガレットは食事系、クレープはデザート系。店内に備えられたガスを使った大きな三つの焼き台で、次々に焼き上げていく。いずれも皿からはみ出るほどの大きさで、ボリュームたっぷり！　焼き立てのため生地からは熱々の湯気が立っている。サクサクしたガレット生地とジューシーな具のアンサンブルはお見事。口に入れると「う～ん」と思わず笑顔がこぼれる。おすすめは“La 52（ラ・サンコント・ドゥ）”というガレット。ブルターニュ風のソーセージ、ジャガイモ、ラクレット・フロマージュ、生クリームが入って11.6ユーロ。“La Complète Bacon（ラ・コンプレット・ベコン）”にはグリーン・サラダがついて11.1ユーロ。財布のひもが固いパリジェンヌ・ママたちも納得のお値段。パパとママに連れられてディナーに来ていた9歳のマイヨル君。ハムとチーズ入りのガレットを美味しそうにほお張っている。この店は、パパの職場が近いのでときどき利用するのだそう。聞くと、やはりパパはブルターニュ出身。ブルターニュ人が家族を連れて来る店は、美味しい証拠だ。パリは接客の質がイマイチと言われるが、ここはみなプロフェッショナル。例えば、「1枚のガレットを分けて食べたい」と注文をすると、何も言わずとも人数分の皿とナイフ、フォークが出てくる。こういう気遣いはママたちにとって本当にありがたい。メニューもフランス語の他に、日本語を含む7か国語を用意。リラックスして、たっぷりとガレットを堪能でき、しかも子どもに優しい店とくれば、ママもリフレッシュできること間違いなし。

上：内装はブルターニュそのもの。下：マイヨル君と両親。マイヨルは、ブルターニュ地方の名前だとか。故郷を愛するパパにもお墨つきの味。

Ty Breiz

ティ・ブレイツ

住 52, boulevard de Vaugirard 75015 Paris
駅 Montparnasse-Bienvenüe（メトロ4、6、12、13番線 2番出口）、Pasteur（メトロ6、12番線）
T 01 43 20 83 72
時 11:45～14:30、19:00～23:00
休 月、日（夏季休暇有り）
€ ガレット 3.7ユーロ～、クレープ 3.7ユーロ～
http://www.tybreizcreperieparis.fr/

左：カジュアルな雰囲気の中、子どもたちも食が進む。右：アンティーユ（カリブ海諸島）料理などの珍しい店も。

子ども連れに優しいパリ最古の市場

Marché des Enfants-Rouges

マルシェ・デ・ザンファン・ルージュ

マルシェはフランス人に深く根づいた存在

パリには、「マルシェ（市場）文化」が存在する。「カフェ文化」と同様に、パリジャン・パリジェンヌの日常生活にとって不可欠な憩いの場だ。食がとても重要だと考える彼らは、住まいも「豊かな食材を揃えるマルシェや美味しいパン屋、カフェ」に近いことにこだわる。マルシェ、パン屋、カフェは、想像以上にフランス人に深く根づいた存在なのだ。そしてそこは、食だけでなく、彼らにとって必須の「人とのコミュニケーションの場」でもある。

パリには80ものマルシェがあり、特定の通りに週2〜3回、昼過ぎまで開かれる朝市、火曜から日曜まで開かれる屋根つき市場、食材の商店街の三つのタイプに分けられる。都会のど真ん中にも市場が存在するのは驚きだが、食いしん坊なパリっ子のことを考えれば、彼らの胃袋を満足させるべく、マルシェが各地区にあるのも納得が行く。

そして、パリでもっとも古いと言われるマルシェが「マルシェ・デ・ザンファン・ルージュ」。「赤い子どもたちの市場」と名づけられたのは、16世紀にこの場所に孤児院があったことに由来する。孤児たちは揃って赤い服を着せられていたので、17世紀、孤児院跡に作られたこの屋根つき市場の名前にそれが受け継がれた。

市場としても多国籍レストランとしても

このマルシェの特徴は、多国籍にレストランが集まり、それぞれのテーブルで食べられること。人気はモロッコ料理、イタリアン、そしてグルメガイドでも紹介されている和食店「タエコ」などに集中する。他にもピザ店、レバノン料理店、ワイン・バー、フランスの物産店、チキン・グリルの店など実にインターナショナル。

大人気の「野菜たっぷりクレープ」に大人も笑顔がこぼれる。

「ひとつのコミュニティーとして最小限の規制は必要だが、基本はLibre（自由）であること。さまざまな国の料理が集うのはこの自由精神によるもの」と市場の責任者は話す。クリエイターやアーティストなどのいわゆるBobo（ブルジョワ・ボヘミアン）が多い北マレ地区にあるのも最高の立地条件だ。平日は近所で働く業界人がランチをする場所として賑わい、週末には地元のパリジェンヌが家族や友達と訪れ、アットホームな雰囲気で溢れる。決して広くはないが、ベビー・カーを引いたママも多いから、子ども連れでも気兼ねしなくていい。それどころか、ベビー・カーが通りにくいときなどは、誰かが手を差し伸べてくれる。この市場でのランチは、どこかピクニックをしている気分になる。子ども連れの場合、週末の方がよりその魅力に触れられるはず。
レストランのスタンドだけでなく、市場として食材の他、花も売られ、地元パリジェンヌの日常生活を垣間見ることができるのも楽しい。

2011年の5月に、大改装後10周年を記念して、盛大なイベントが行われた。その際には、子ども向けの催しもあったそう。「頻繁にはできないが、クリスマスなどは子どもたちのための行事でもあるしね。今、次のイベントを考えているよ」と主催者。そうでなくとも、この市場を訪れる子どもたちはとにかく嬉しそうだ。なんといっても、家族と一緒に美味しいものを楽しく食べられるのだから。

Marché des Enfants-Rouges
マルシェ・デ・ザンファン・ルージュ

住 39, rue de Bretagne 75003 Paris
駅 Saint-Sébastien Froissart（メトロ8番線）、Filles du Calvaire（メトロ8番線）
時 9:00〜14:00および16:00〜20:00（火〜木）、9:00〜20:00（金、土）、9:00〜14:00（日）
休 月

パリジェンヌ流の教育方法

「人生は楽しまねばならない」が基本

パリジェンヌ・ママにとってひとりで3役、4役は当たり前だ。
子どもたちにとってママが大事な存在であることは日本と変わらない。でも、「ママ」だけで終わることはありえない。これがパリジェンヌ・ママのすごいところ。彼女たちは、ママであると同時に、パパの奥さんであり恋人でもあり、働く女性であり、「一個人」でもある。つまり、1日のうちでいろいろな顔を持つことになる。どんなときも手抜きをせず、1日中アクティブにフル回転。だからこそパリジェンヌ・ママはキラキラ輝いている。その魅力の源は「人生は楽しまねばならない」というエスプリ（精神）。これはぜひとも見習いたいもの。“Système D（システム・デー）”と呼ばれる、お金をかけずに自分でなんとかしてしまおう、という考え方によく表れている。そんなパリジェンヌ・ママたちの教育方法についてご紹介。

さあ、ボールを
取ってらっしゃい。
帰るわよ。

しつけ

近年、フランスでは大人が子どもに甘くなりつつあるとも言われているが、「大人は大人、子どもは子ども」と、大人と子どもの線引きは、はっきりしている。それでいて、小さな子どもでも大人をファースト・ネームで呼んだりするから面白い。パリの家庭環境はかなりバラエティに富んでいる。出身地、人種、家庭環境などなど、いろいろな要素がミックスされているため家庭もさまざま。とはいえ、どんな家でもあいさつとテーブル・マナーだけは、小さいうちからきっちりとしつける。特に人に会ったときのあいさつとお礼はしつけの必須科目。"Merci（ありがとう）"、"S'il vous plaît（お願いします）"は大事な言葉だ。パリの街を歩けば誰もが感じる「次の人のためにドアを押さえる」「小さい子に優しくする」といった細々した気遣いも日常生活でかなり身につくようだ。
叱り方についても日本とは少し違う。子どもが悪いことをしたときや危険なことをしたとき、パリジェンヌ・ママは公共の場であっても叱る。中には日本人が驚くような厳しさで叱っているママもいる。同様に、公園など公共の場では、他人の子どもでも注意することがある。注意された子のママも「あら、ありがとう」という感じで、決して「ウチの子に何を言うの」という態度ではない。広い意味で、市民のみんなが一緒に子育てをしているという感じだ。特に子育てが終わったおばあちゃん世代は黙っていられない様子。いつでもどこでも「ヒトコト」。おばあちゃんが子どもに話しかけている光景にもよく出会う。そんな「他人」とのやりとりは、大人重視のフランス社会の表れでもあり、また物怖じしない大人に育つための手助けなのかも知れない。

遊び

パリの子どもたちは、8時半から16時半と学校にいる時間が日本よりずっと長い。25〜49歳の子育て世代の女性の80パーセントが仕事を持っているというフランスでは、学校が16時半に終わった後も、子どもたちは18時ごろまで学校の学童保育に残ったり、ベビー・シッターなど親以外の人と時間を過ごすことが多い。宿題もたっぷり出るので、自由に遊ぶ時間はあまり残っていないのが実情。フランスでもテレビ、電子ゲーム、テレビゲームなどの影響は大きい。とはいえ、小学生の間は親がしっかりとコントロールしている。
誕生日会のパーティーもよく開かれる。子どもたちが集まれば、仮装をしてのおままごとや「何々ごっこ」をして遊ぶ。お姫様ごっこやお母さんごっこが人気なのは、未来のパリジェンヌたちに限らず万国共通だ。男の子たちは海賊ごっこや冒険が好き。恐竜のおもちゃで遊んだり、ミニカーや電車を走らせる。スパイダーマン、スター・ウォーズは世代を超えて永遠のヒーロー。レゴ、プレイモビル、カプラ（P.76）は、男女共通して人気がある。

健康

パリジェンヌ・ママも子どもの健康にかなり気をつけている。しかも、予防に力を入れている。働くママは仕事をしょっちゅう休むわけにも行かないのでそれも当然。子どもが風邪を引いたら、ひどくなる前に目や鼻を"Sérum Physiologique（血清）"でよく洗浄。これで結膜炎や中耳炎をかなりの確率で防げる。子どもには体質やクセがあるので、小児科医と相談して各家庭で予防の仕方を工夫している。
学校の集団生活で心配なのは病気の感染。Varicelle（水痘）のように誰もがかかる病気もあるが、Gastro-Entérite（胃腸炎）、Poux（シラミ）、Lentes（シラミの卵）のように、もらって嬉しくないプレゼントもある。胃腸炎についての予防策としては、近年「良く手を洗うように」と注意されることが多くなった。幼稚園ではクラスでシラミが発生すると「注意！」と紙が張り出される。そうなるとママたちは急いで予防シャンプーをしたり、退治用シャンプーを買いに走る。

食生活

美食の国フランスでは、多くのパリジェンヌ・ママも子どもの食生活にこだわっている。
働くママが多いとはいえ、多くは家庭で料理を作る。普段の食生活は決して贅沢なものや手の込んだものではないが、ママの手料理が食卓に並ぶ。忙しくても、人気の冷凍食品ブランド"PICARD（ピカール）"などを上手に使って、効率的かつ見栄え良く料理をする。ホーム・パーティーでは、どの家庭も手作りの家庭料理が出てくるのに驚かされる。誕生日会でも、手作りケーキやお菓子、アペリティフにはおしゃれなカナッペやおつまみと抜かりがない。ランチやディナーのメインには、これまた驚くほど手の込んだ料理が出てくることもある。コンビニやデパ地下の便利な惣菜コーナーがないパリでは、食生活はママの腕にかかっている。子どもたちもママの手料理が大好きだ。

安全

子どもたちの安全に関しては、パリジェンヌ・ママは慎重派。かなり石橋を叩いて渡るタイプが多い。
ひと目見ただけでは、ひどく突き放したように見えることもあるが、反面、過保護な部分もある。例えば、小学校を卒業するまでは、子どもの登下校には親か代理の人が必ず送り迎えをする。これは日本よりも治安が良くないということも関係しているのだろう。ママ・チャリをほとんど見ないこの国では、送り迎えだけでも大変な労力。また、子どもを自宅に残して子どもだけで「お留守番」させるのも禁止というウワサも。面白いのは学校の規則に「マフラー禁止」とあること。両側から引っ張られたら一巻の終わりということで、これは規則に繰り返し出てくる。振り回すと危ないので傘も持たせない。これはマフラーのように「禁止」はされていないが、持たせる習慣がほとんどない。代わりにフードつきジャンパーなどを着せる。「フランス人は傘を持たない」という説は、どうやら子ども時代のしつけから来ているようだ。

家庭環境

フランスの子どもたちは子どもっぽい半面、妙に大人びているところがある。これはいろいろな要素が考えられるが、家庭環境が複雑な家族が多いパリでは、子どもたちが早くから大人の世界を見ていることが多く、それが影響しているようだ。両親の離婚などによって、複合家族の微妙な人間関係の中で育つ子どもは多い。その辺のことを小さいときから体験しているせいか、いやに聞き分けが良かったり、反対に小さなことでわがままになったりする子どもがいる。こういう経験が、他人に流されず、自分の意見を持ち、依存せずに自立することのできる大人を作り上げているのかもしれない。

子どもと一緒の宿泊に便利な
キッチンつきアパルトマン予約サイト

Site internet «Appartements avec cuisine»

子どもにとって、食事はママの手作りが一番！ それはパリも日本も同じこと。でも普通のホテルではキッチンどころか湯沸し器さえないところが普通だ。そこでおすすめするのが、旅行者向けの短期貸しアパルトマン（アパート）。ここでは、インターネットやメールで簡単に部屋の予約ができ、さらに、現地での日本語サポートのある安心度の高い予約サイトを紹介する。豊富な食材が揃うパリ。マルシェやスーパーで買った食材で料理を作ったり、テイクアウトした惣菜を温めたりして食事を楽しむのも、パリ滞在を充実させるコツ。レストランでは騒いでしまう子どもにも嬉しいはずだ。

セジュールアパリ

Séjour à Paris

http://www.kurasutabi.net/paris/

旅行会社が母体となっているだけに、ホテル並みの親切丁寧なコンシェルジュ・サービスが日本語で受けられる。チケットやタクシーの手配はもちろん、滞在中のちょっとした相談にも応じてくれる。さらに、緊急時にはスタッフが24時間対応。病気や怪我、スリなどの災害時に頼れるのは安心だ。どの部屋もインターネット完備の他、コーヒー・紅茶や調味料、飲料水、リネン、シャンプーなどのアメニティがすでに部屋に備えつけてあるので、着いたその日から「暮らすような旅」が実践できる。アパルトマンの立地も、治安が良く、観光名所から近い便利なところばかり。バスタブつきの部屋も多い。安心を第一に考える人におすすめ。

サンジェルマン（6区）

エトワール（17区）

- ●パリ市内の物件数：15～20件
- ●1泊あたりの宿泊代：平均240ユーロ。長期滞在割引あり
- ●子どもへの特典：ベビー・ベッド、ベビー・チェアの貸し出し（有料）。子ども連れで入れるレストラン情報の提供
- ●予約方法：ウェブ・フォーム、電話、メールで予約申し込み
- ●問合せ先：日本正規予約代理店　株式会社リージェンシーグループ　TEL：03-5775-2032（東京）
  E-mail：sejouraparis@ogigroup.fr

パリ生活社
PARIS SEIKATSUSHA

http://www.paris-seikatsu.com

短期滞在専門のアパルトマン紹介サイト。空室状況がサイト上で確認できる他、料金が日本円なので安心。さらに、1人1泊6,500円からの良心価格。事前に日本人スタッフの電話番号や、アパートの周辺地図を送ってくれる。出発前に東京で無料のガイダンスを受けることも可能。空港や駅への送迎サービスも有料オプションで行っている。また、パリ生活社の利用者に限り、現地ツアー専門店「みゅう」のパリ発観光ツアーの割引が受けられる。

バビロン（7区）

- パリ市内の物件数：31件
- 1泊あたりの宿泊代：
  1人6,500円〜15,000円。
  2人で9,500円〜。10泊以上で割引あり
- 子どもへの特典：9歳までは宿泊費無料
- 予約方法：サイトで空室確認後、
  ウェブ・フォーム、メール、電話で
  予約申し込み
- 問合せ先：
  東京事務所 TEL：03-3238-5377
  パリ事務所 TEL：+33（0）1 45 49 14 51
  E-mail:inf@paris-seikatsu.com

パリシェモア
PARIS CHEZ MOI

http://www.parischezmoi.com

スタンダードからデラックスまで、予算に応じた部屋が取り揃えられている。全て日本語で対応してくれるのはもちろん、到着時にペットボトルの飲みものを用意してくれたり、近くのおすすめレストランやパン屋などの紹介をしてくれたりと、きめの細かいサービスも特徴。さらに、滞在中の24時間緊急連絡先として、日本人スタッフの電話番号を渡してくれる。全てのアパルトマンにおいての無料インターネット接続、日本への固定電話無料サービスも嬉しい。

リュパスカル（5区）

- パリ市内の物件数：約40件
- 1泊あたりの宿泊代：
  スタンダード／1人50〜99ユーロ、
  デラックス／2人で220〜320ユーロ。
  7泊以上で割引あり、
  1か月滞在の長期割引あり
- 子どもへの特典：
  2歳〜12歳までは大人の半額 他
- 予約方法：まずはウェブ・フォームか
  メールで空室を問い合わせる
- 問合せ先：
  TEL：+33（0）6 17 28 68 20（パリ）
  E-mail：info@parischezmoi.com

パリDEアパート

Paris DE Apart

http://www.paris-de-apart.com/

3泊から利用が可能で、長期割引もある。空室状況はサイトで確認ができ、部屋の様子を豊富な画像や動画、間取り図などで詳しく知ることができる。アパート内の水漏れや電気の故障などに対しては、専門知識のあるスタッフがすぐに対応。その他のアクシデントや緊急時にも、24時間サポートする体制が整っている。有料サービスとして、パリ市内観光、翻訳・通訳サービス、サッカー観戦同行なども展開している。

バスティーユ（11区）

- ●パリ市内の物件数：約10件
- ●1泊あたりの宿泊代：
  1人7,500円～13,000円、
  2人で9,500円～。7泊以上で割引あり
- ●子どもへの特典：9歳までは宿泊費無料
- ●予約方法：サイトで空室確認後、
  ウェブ・フォームから予約申し込み
- ●問合せ先：
  TEL：03-6276-0114（東京）、
  +33（0）6 83 06 98 48（パリ）

E-mail：contact@paris-de-apart.com

ジャディス

JaDiS

http://www.jadis-paris.com/

リーズナブルにパリ滞在を楽しんでもらいたい、というスタッフの想いから、格安ホテルよりもさらに手ごろな料金で部屋を提供している。ゴージャスではなくとも、昔ながらのアパルトマンやステュディオに泊まってみたい人におすすめ。2泊から利用が可能な他、7泊以上での長期割引も。ウェブサイトでは、空室確認がすぐにでき、部屋の条件比較なども見やすい工夫がされている。支払いは円でもユーロでも可能。

サンミッシェル（6区）

- ●パリ市内の物件数：約23件
- ●1泊あたりの宿泊代：
  1人45ユーロ～75ユーロ。
  7泊以上で割引あり
- ●子どもへの特典：小学生以下の子ども
  1人まで宿泊費無料
- ●予約方法：サイトで空室確認後、
  ウェブ・フォームから問い合わせ
- ●問合せ先：
  TEL：03-5575-2422（東京）
  （平日10：00～18：00）
  FAX：03-5575-2423（東京）
  E-mail：info@jadis.jp

※宿泊料金は目安です。この他に清掃代やシーツ代がかかることがあるので、詳しくはそれぞれのサイトへお問い合わせを。

パリ滞在中のベビー・シッター

日本語ができるベビー・シッターもいる!

あるとき、グルメな日本人ファミリーがパリを訪れた。彼らのパリ滞在のお目当てはレストラン巡り。ただ、パリは「子どもお断り」の店が多いことで知られているので、ベビー・シッターの手配を考える。幸運なことに、彼らが宿泊していたフォー・シーズンズ・ホテルでは、そのシステムがあった。英語、フランス語のみのサービスだが、良いベビー・シッターを紹介してもらい、素敵なディナーを満喫したようだ。その後、パリを頻繁に訪れるこの家族は、このシステムを利用し、フレンチ・カップル風に夫婦水入らずのパリ滞在を楽しんでいる。このようにフォー・シーズンズ、リッツ、クリヨンなどの高級、大型ホテルではベビー・シッターを紹介するサービスがあるので大いに利用したい。働く女性が多いパリでは、ベビー・シッターを斡旋する会社やアソシエーションはたくさんある。ただし、言語は英語かフランス語のみのところが多い。日本人であれば、やはり日本語ができるベビー・シッターが安心だろう。そこで、賃貸アパルトマンを提供する「セジュールアパリ (P.114)」も推薦する日系ベビー・シッター会社 "NESS Enfants (ネス・アンファン)"をここで紹介しよう。日本においても、許可・認証保育所を多数運営するネス・コーポレーションによる保育クオリティーを、パリでも受けられるということで安心度も高い。パリ在住の日本人家族を対象に活動している会社でもあり、さまざまな状況に精通しているとも言える。手配も日本から日本語を使い、メールまたは電話でできるのが嬉しい。当ガイドブックでは、子どもと訪れてみたい数々のアドレスを紹介している。もちろん子ども同伴でも問題ないアドレスばかりだが、ときには、夫婦によるパリの楽しみも満喫して欲しい。子どもから開放され、恋人や個人に戻る。それは、フレンチ・カップルの間ではごく普通のスタイルだからだ。

日本語ができるベビー・シッター紹介会社
"NESS Enfants (ネス・アンファン)"

住 20, rue du Cirque 75008 Paris
T 09 50 23 03 84
E-mail:info@ness-enfants.fr
http://www.ness-enfants.fr/

旅行中のトラブル時に頼れる医療情報

Informations médicales fiables pendant le séjour

子どもが急に具合が悪くなったり、怪我をしたりしたときなどに、慣れない外国語で対応するのはかなり困難。そこで、緊急時に日本語が通じる機関や、チェックしておくと便利なアドレスをご紹介しよう。

日本語が通じる医師・病院

◎太田博昭医師（大使館顧問医）
精神科・精神療法、心の健康相談

住 59, boulevard Victor 75015 Paris
T 01 45 33 27 83

◎ドゥイエブ医師　Dr. Patrick DOUIEB
内科・小児科・産婦人科

住 65 bis, avenue Victor Hugo
92100 Boulogne-Billancourt
T 01 46 03 37 24

◎谷村医師　Dr. Remy TANIMURA
歯科

住 8, place du Général Catroux 75017 Paris
T 01 56 33 39 00

◎American Hospital of Paris
（アメリカン・ホスピタル）

住 63, boulevard Victor Hugo
92200 Neuilly-Sur-Seine

入院設備のある総合病院。予約などの事前連絡は必要なし。但し、小児救急はない。必要な場合、日本人セクションで通訳サービスなどが受けられる。

T 01 46 41 25 25（代表）
T 01 46 41 25 15
（日本人セクション9：00～18：00）
T 01 46 41 26 16
（三村佳弘医師：内科、皮膚科）
T 01 46 41 25 15
（日本語24時間サービス）
http://www.american-hospital.org/

深夜営業の薬局

Pharmacie Première

住 24, boulevard de Sébastopol 75004 Paris
T 01 48 87 62 30
時 8：00～24：00

Pharmacie les Champs

住 84, avenue des Champs-Élysées 75008 Paris
T 01 45 62 02 41
時 24時間営業

Drugstore Champs Élysées

住 133, avenue des Champs-Élysées 75008 Paris
T 01 47 20 39 25
時 24時間営業

Pharmacie Européenne de la Place Clichy

住 6, place Clichy 75009 Paris
T 08 99 23 66 01
（1.35ユーロ/回+0.34ユーロ/分の通話料金がかかる）
時 24時間営業

※普通の薬局は19～20時くらいで閉まるところが多い。パリに着いたら、滞在先近くの薬局の営業時間や定休日を調べておくと良い。英語が通じる人もいるが、基本的にはフランス語対応。

緊急電話番号

◎救急車　SAMU（緊急医療救助サービス）：15
◎緊急時の往診　SOS médecin：01 47 07 77 77（24時間対応）
※基本的にフランス語での対応。

医療情報サイト

◎在フランス日本国大使館・医療情報　http://www.fr.emb-japan.go.jp/jp/iryo/index.html
◎外務省・世界の医療事情 フランス　http://www.mofa.go.jp/Mofaj/toko/medi/europe/france.html

【フランスの医療システム】

フランスの医療水準は極めて高く、どこの病院でも安心して受診できる。ただし、医療システムや受診手続きで日本とは異なることが多々あるので、違いがあることを知っておくことが大切。
フランスでは直ちに処置を必要とする場合、昼間でも総合病院の緊急外来で受診可能。反対に、個人の開業医やクリニックでは事前予約が必要になる。薬は、医師から処方箋をもらって薬局で購入する。レントゲン、血液検査などの検査をする場合、開業医に診てもらったときは、患者は医師の処方箋を持って外部機関へ足を運ぶことになる（場合によっては要予約）。
医療費の支払いは、基本的に自己負担。保険に入っていれば、後日払い戻しの請求ができる。最初から窓口での負担が軽減されている日本の公的医療保険とは、かなり仕組みが違う。

【旅行者の心得】

旅行者は、海外旅行保険に加入していれば、日本語でのサポートが受けられる（詳細は保険契約書などを参照のこと）。保険の支払い対象になるケースにおいては、帰国後に領収書や診断書など必要書類を提出すれば払い戻しが受けられる。緊急時や病気になってしまったときに外国語で対応するのはかなりの困難をともなうので、必要書類やアシスタンス・サービスについては事前に確認しておくと良い。
自分でできる事前準備も大切。持病がある場合は、主治医の診断書、使っている薬、治療法などをフランス語に訳したものを持ち歩くくらいの気持ちでいたい。アレルギーがある場合も、避けたい食品がフランス語でどう表現されるのかなども出発前に押さえておこう。子どもの常備薬（風邪薬、熱さまし、痛み止めなど）は日本で使い慣れたものを必ず持って行くこと。冷却シートのような便利グッズもフランスにはないので、要持参。
現地に着いてからは、暑いときには水と帽子とサングラス、乾燥時には水分補給と保湿クリーム、とその日の気候に合わせて、自ら保護することも忘れずに。フランス人は薄着をすることが多いので、パリジェンヌを真似した格好で出歩くと、風邪を引いてしまい兼ねない。
ちょっとした注意で病気やトラブルを防げることもあるはず。子どものパスポートもママがしっかりと管理し、楽しい親子旅にしよう。

親子で覚える なりきりパリジェンヌ会話

Conversation de parisiennes en famille avec les enfants

パリジェンヌ・ママはどんなシーンでも、しゃれた会話を交わすことができる。ただし、マナーのある会話ができるどうか、その辺りフランス人はかなり気にするので要注意。カタコトでも、短いフレーズでも良いので、マナーを持ってフランス語を話す努力を見せれば、コミュニケーションの可能性は想像以上に広がるはず。ママだけでなく、子どもにもあいさつくらいは覚えさせよう。「お行儀の良いお子さんですね」とフランス人に言わせることができたら、パリジェンヌ・ママ合格！　にっこり微笑んでメルスィーで答えよう。

※ここでは、より実際の発音に近いカタカナ表記をしています。

フランス語監修：
Naomi B Sauvage（畠山 奈保美）
パリ在住20年。演劇と音楽などのインテグレイト・アーティストとして国境を越えて活躍中。
Dorée Kami Co.,Ltd in France代表。
日本において『ドレカミ倶楽部』を発足。
http://www.doreekami.com/

①基本のあいさつ

フランス人にとってあいさつは、基本中の基本。お店やレストランに入るとき、出るとき、そしてフランス人と出会ったとき、目と目が合ったときなど、必ず笑顔であいさつを。どんなシーンでも使える魔法のあいさつを4種類ご紹介。

こんにちは。

◎**ボンジュー**　Bonjour.

朝と昼間に使うあいさつ。夜の場合は「ボンソワー Bonsoir.」になる。

ありがとう。

◎**メルスィー**　Merci.

ウェイターや店員が何かしてくれたときにも、必ずお礼を言おう。頭にNonをつけて「ノン、メルスィー Non, merci.」だと「結構です。」の意味になる。もう少し丁寧に言いたいママは、相手が男性なら「ムッシュー Monsieur」を、女性なら「マダム Madame」、若い女性なら「マドモワゼル Mademoiselle」を後に続けて言うと、100パーセントなりきりパリジェンヌ・ママ。子どもはここまで言わなくてもOK！

お願いします。

◎**スィル・ヴゥ・プレ**　S'il vous plaît.

英語のプリーズと同様、メニュー名の後に添えるだけで注文できる便利なフレーズ。さらに、他のあらゆる場面で、お願いをするときに使える。できれば、「Merci.」、「Non, merci.」と同様、後ろに「Monsieur」、「Madame」、「Mademoiselle」をつけて言えるようになってみよう。

さようなら。

◎**オウ・ルヴォワー**　Au revoir.

レストランや店を出るとき、フランス人と別れるときに必ず使われる。これと合わせて「ア・ビアントー A bientôt.（またね）」なども便利。

②ショップ&マルシェで

店の人とのやりとりを楽しむくらいの気持ちで行こう。特に屋外マルシェは、各区が定期的に朝から午後1時位までやっているパリ名物。まわりも賑やかで騒々しいので、思いっきり大きな声で、はっきりゆっくり元気良く会話するのがコツ。金額などが聞き取れなかったら、メモ用紙に書いてもらってもいい。秤売りしてくれたり、魚をさばいてくれたりと臨場感のあるマルシェ。なりきりパリジェンヌ・ママにはぜひとも子どもと一緒にプチ体験して欲しい。

（商品を指差して）これ（あれ）をください。

◎**ジュヴドレ・ススィ（スラ）**　Je voudrais ceci (cela).

これはいくら？（単に値段を聞くとき）

◎**セ・コンビアン？**　C'est combien?

これはいくら？（もう買うことを決めて、用意してもらった商品に対して）

◎**ジュ・ヴゥ・ドア・コンビアン？**　Je vous dois combien?

この子に似合うかしら。

◎**エスク・サ・ルイ・ヴァ・ビアン？**　Est-ce que ça lui va bien?

似合うと思う？（ショップの店員さんなどに意見を求めるとき）

◎**コモン・トオーヴェ・ヴゥー・ススィ？**　Comment trouvez-vous ceci?

試食（試着）できますか？

◎**エスク・ジュ・プウ・エッセイエー？**　Est-ce que je peux essayer?

この果物は今晩食べたいのですが、ちょうど良く熟れてる？

◎**ジュヴドレ・モンジェ・ス・フルイ・プー・ス・ソワー、エスキレ・ビアン・ミュー？**
Je voudrais manger ce fruit pour ce soir. Est-ce qu'il est bien mûr?

マルシェでは、売り手とこんなやり取りをしながら、じっくりと選んでもらおう。果物だけでなく、チーズにもこの「ミュー mûr（熟れている）」という表現は使える。

良く焼けたバゲットを1本ください。

◎**ジュヴドレ・ユン・バゲット・ビアン・キュイット** Je voudrais une baguette bien cuite.

あまり焼きすぎていないバゲットを1本ください。

◎**ジュヴドレ・ユン・バゲット・パ・トオ・キュイット** Je voudrais une baguette pas trop cuite.

パン屋さんで、「セ・ビアンキュイ？ C'est bien cuit?」と聞かれることがあるので、まわりが良く焼けているのが好きな人は「ウイ Oui」、あまりカリカリが好きでない人は「パ・トオ Pas trop」と答える。例文のように、最初から自分の好みをお願いできれば、立派なパリジェンヌ・ママ！

(買うかどうかは)ちょっと考えてみます。

◎ジュ・ヴェ・レフレッシー　Je vais réfléchir.

このフレーズはショップやマルシェで強引な売り込みにあったときに大変役立つ。さらっと冷たくもなく、温かくもなく、パリジェンヌ風にお断りできるようになってみよう。さらに下の表現をつけ加えるのもお忘れなく！

あなたはとても親切な店員ね、感謝します。

◎ヴゥゼット・トレ・ジョンティー(ユ)、ジュ・ヴゥ・ルメルシー

Vous êtes très gentil(le), je vous remercie.

「ジョンティーユ」は店員が女性のとき。

③レストラン&カフェで

カジュアルなレストランやカフェでは、子ども連れで入っても問題はない。というのも、フランスでは、子どものしつけはしっかりとできているはずだから。ただし星つきレストランでのディナーの場合などは、子どもはベビー・シッターに預け、ママはしっかりドレス・アップして登場、子どもなんていないかのように振る舞うのが本場のパリジェンヌ。子どもを預けられない、なりきりパリジェンヌ・ママの場合は、子どもと一緒でも構わないか、勇気を出してお店に聞いてみよう。その代わり、子どもにもドレス・アップさせて、パリの社交の場の訓練をさせるくらいの意気込みで！

息子(娘)と一緒ですが構いませんか？

◎エスク・ジュプー・オントレー・アヴェック・モンフィス (マフィーユ)？

Est-ce que je peux entrer avec mon fils (ma fille)?

うちの息子(娘)は仏様のように大人しいのでご安心を！

◎モンフィス(マフィーユ)・エ・カルム・コム・ブッダー

Mon fils (Ma fille) est calme comme Bouddha.

パリジェンヌ・ママなら、ウィットを利かせてこんなことを言いそうだ。

コーヒー(紅茶)を一杯ください。

◎ジュヴドレ・アン・カフェ(テー)・スィル・ヴゥ・プレ

Je voudrais un café (thé), s'il vous plaît.

子ども用メニューはありますか？

◎エスク・ヴゥ・ザヴェ・アン・ムニュ・アンファン？

Est-ce que vous avez un menu enfant?

息子（娘）のためにお皿を1枚いただける？
◎プーヴェーヴゥー・ム・ドネー・ユン・アシエット・プー・モンフィス（マフィーユ）？
Pouvez- vous me donner une assiette pour mon fils (ma fille)?

とても美味しかったわ。
◎セテ・トレボン　C'était très bon. ／◎セテ・デリシュー　C'était délicieux.

息子（娘）はデザートのためにお腹を空けておくみたい。
◎ジュコワッ・キル（ケル）・ス・レゼルヴ・デュ・ラ・プラス・プー・ル・デセール
Je crois qu'il (qu'elle) se réserve de la place pour le dessert.
このとき、お腹を指しながら言うのがコツ。

お勘定をお願いします。
◎ラディッション・スィル・ヴゥ・プレ　L'addition, s'il vous plaît.

④子どもが騒いでしまったとき

フランス人は、子どものマナーに厳しい。しつけがいい（Bien élevé）、悪い（Mal élevé）という言葉が良く使われるくらいだ。レストランや公共の場で子どもが騒いでしまったときは、ただ謝るだけではなく、さらっと気の利いたエスプリでかわしてこそ、パリジェンヌ。

子どもが騒いですみません。とはいうものの…（後のフレーズに続く）
◎ジュスィ・ヴレモン・デゾレー・メー…　Je suis vraiment désolée, mais...

彼（彼女）は、サムライになってしまったのね。あららら！
◎イレ（エレ）・デュヴニュ・ゲリエ・サムライ、オーララララ！
Il (Elle) est devenu(e) Guerrier Samouraï. Oh lalala!
と驚いて見せて、最近日本語から派生した新語、「レステ・ゼン Restez Zen（静かにしなさい）」と言ってみるのもおしゃれかも。

息子（娘）は勇ましいサムライの子孫なんです。
◎イレ（エレ）・デソンドン（デソンドント）・デュ・ゲリエ・サムライ
Il (Elle) est descendant(e) de Guerriers Samouraïs.
あくまでもフランス人にとって、私たちは東洋の神秘。東洋に関係のある会話をすれば、良い感じで馴染むこと請け合い。さぁ、頑張ってあなた自身のエスプリと笑いで危機を制して、パリジェンヌ・ママになりきろう。

パリ・マップ
Plan de Paris
La Seine セーヌ川
Rue Victor Hugo
Rue Martre
Bd. Victor Hugo ヴィクトル・ユゴー通り
Clignan
クリニャンクー
Bd. Périphériqu
Bd. Ney ネイ大
Bd. du château
Av. de Clichy
Av. de St Ouen
17区
36 マルセル
Bd. Bineau
Bd. Berthirer
Av. de Villiers ヴィリエール大通り
Bd. de Clichy
9区
Av. Charles de Gaulle
Parc de Monceau モンソー公園
Bd. Malesherbes
5 アクリマタシオン公園
Gare St-Lazare サン・ラザール駅
Bd. Haussmann
マリオネット・デ・シャンゼリゼ－テアトル・ド・ギニョール
Opéra Garnier オペラ座
Av. Foch
Arc de Triomphe 凱旋門
Église de la Madeleine マドレーヌ寺院
18 ジュ ヴィ
Bd. Lannes
16区
Av. Victor Hugo ヴィクトル・ユゴー大通り
Av. des Champs Élysées
30
8区
Place de la Concorde コンコルド広場
アニ アンファン
テアトル・ド・ヴェルデュール・デュ・ジャルダン・シェイクスピア
31
建築・文化財博物館
パレ・ド・ラ・デクヴェルト 11 (科学技術博物館「発見の殿堂」)
1区
チュイルリー公園の 28 移動遊園地
Av. Georges Mandel
13 32 シネアクア・パリ
リトル・ファッション・ギャラリー
Bois de Boulogne ブローニュの森
Palais de Chaillot シャイヨー宮
7区
10 ルーヴル美
Musée d'Orsay オルセー美術館
Tour Eiffel エッフェル塔
ヴェルサイユ大通り
La Seine セーヌ川
Bd. St Germain
Cat Notr ノート
Bd. de Grenelle
シャントリーヴル 22
37 ボンポワ
24 ラ・ヴェセルリ
Bd. Suchet
Av. de Versailles
マミ・ガトー 39
Bd. Raspail
1 リュクサ
6区
Av. Émile Zola
ルクールブ通り
Bd. St Michel
Rue de la Convention
15区
Tour Montparnasse モンパルナス・タワー
ティ・ブレイツ 40
Gare Montparmasse モンパルナス駅
3 アンドレ・シトロエン公園
← 9 ヴェルサイユ宮殿の庭園
ヴォジラール通り
Rue Lecourbe
Rue de Vaugirard
Rue de Vouille
Av. du Maine
Bd. Ara
Place Denfert Rochere ダンフェール・ロシュロ
Bd. Victor
Bd. Périphérique
Bd. Lefebvre
Rue d'Alésia
14区

↑ 33 アステリックス・パーク
環状道路
Bd. Macdonald
18区
Rue Marx Dormoy
Rue de Crimée
2 ラ・ヴィレット公園
サン・マルタン運河
Canal St-Martin
19区
Av. Jean Jaurès
35 カフェゾイド
ue du Sacré Cœur
クール寺院
ラ・ファイエット通り
Gare du Nord
北駅
Rue La Fayette
Parc des Buttes Chaumont
ビュット ショーモン公園
Gare de l'Est
東駅
マジェンタ大通り
23 ラ・ビドゥイーユ
10区
ベルヴィル通り
Rue de Belleville
Bd. Mortier
パリ工芸博物館
キュイジーヌ・アティチュード・バイ・シリル・リニャック
12
34
26
モノプリ セバストポール店
マルシェ・デ・ザンファン・ルージュ
29 冬のサーカス
41
19
ボントン
11区
Rue Belgrand
20区
Bd. Davout
3区
25
リヴォリ店
38 6 レオポルド・アシール広場
カフェ・スエドワ
4区
Bd. Voltaire
ヴォルテール大通
7 14
17 ヴィラージュ・サン・ポール
マジック博物館
オテル・ド・サンス公園
サンシュルピス店
Opéra Bastille
新オペラ座
27 カプラ・センター パリ
Place de la Nation
ナシオン広場
ダヴー通り
Cours de Vincennes
16 ティノ・ロッシ公園（パリ市立野外彫刻美術館）
Bd. Diderot
Gare de Lyon
リヨン駅
Av. Daumesnil
5区
8
（植物園）
（動物園）
Gare d'Austeritz
オーステルリッツ駅
Bd. Soult
Bd. de l'Hôpital
Bd. Vincent Auriol
La Seine
Quai de La Gare
セーヌ川
12区
15 熱帯水族館
Bd. Poniatowski
パリ・フローラル公園 4
Place d'Italie
イタリー広場
13区
Bois de Vincennes
ヴァンセンヌの森
Autoroute du Nord
Bus
La Ferme
33 アステリックス・パーク
Neufmoulin
ヴェルサイユ
9 宮殿の庭園
Place d' Armes
Av. de Paris
Av. de Sceaux
Av. de l' Europe
Versailles-Rive Gauche
RER

インデックス（あいうえお順）

Index

アドレス名（日本語）	アドレス名（フランス語）	区	ジャンル	掲載ページ	パリ・マップ番号
アクリマタシオン公園	Jardin d'Acclimatation	16区	公園	P.16-17	5
アステリックス・パーク	Parc Astérix	パリ郊外	遊園地	P.88-89	33
アニエスベー アンファン／レイエット	agnès b. enfant / layette	1区	ブティック	P.60-61	20
アンドレ・シトロエン公園	Parc André-Citroën	15区	公園	P.12-13	3
ヴィラージュ・サン・ポール	Village Saint-Paul	4区	アンティーク・ショップ街	P.48-49	17
ヴェルサイユ宮殿の庭園	Jardins et Parc de Versailles	パリ郊外	公園	P.23-25	9
オテル・ド・サンス公園	Jardin de l'Hôtel de Sens	4区	公園	P.18-19	7
カフェ・スエドワ	Café suédois	3区	カフェ	P.102-103	38
カフェゾイド	Cafézoïde	19区	カフェ	P.96-97	35
カプラ・センター パリ	Centre Kapla Paris	11区	アトリエ	P.76	27
キュイジーヌ・アティチュード・バイ・シリル・リニャック	Cuisine Attitude by Cyril Lignac	3区	料理教室	P.90-91	34
建築・文化財博物館	Cité de l'architecture et du patrimoine	16区	博物館	P.40-41	13
シネアクア・パリ	Cinéaqua Paris	16区	水族館、シアター	P.86-87	32
ジャルダン・デ・プラント（植物園）	Jardin des Plantes	5区	植物園、博物館	P.20-22	8
シャントリーヴル	Chantelivre	6区	書店	P.64-65	22
ジュエ・クラブ-ヴィラージュ・ド・パリ	Joué Club - Village de Paris	2区	ショップ、パッサージュ	P.54-56	18
チュイルリー公園の移動遊園地	Fête Foraine du Jardin des Tuileries	1区	遊園地、公園	P.78-79	28
テアトル・ド・ヴェルデュール・デュ・ジャルダン・シェイクスピア	Théâtre de Verdure du Jardin Shakespeare	パリ郊外	野外劇場	P.84-85	31
ティノ・ロッシ公園（パリ市立野外彫刻美術館）	Jardin Tino-Rossi	5区	公園、美術館	P.46-47	16
ティ・ブレイツ	Ty Breiz	15区	クレープリー	P.106-107	40
熱帯水族館	Palais de la Porte Dorée - Aquarium Tropical	12区	水族館	P.44-45	15

アドレス名（日本語）	アドレス名（フランス語）	区	ジャンル	掲載ページ	パリ・マップ番号
パリ工芸博物館	**Musée des Arts et Métiers**	3区	**博物館**	P.38-39	12
パリ・フローラル公園	Parc Floral de Paris	12区	公園	P.14-15	4
パレ・ド・ラ・デクヴェルト（科学技術博物館「発見の殿堂」）	Palais de la Découverte	8区	博物館	P.35-37	11
冬のサーカス	Cirque d'Hiver	11区	サーカス	P.80-81	29
ベー・アッシュ・ヴェー リヴォリ店	BHV Rivoli	4区	デパート	P.70-71	25
ボントン	Bonton	3区	ブティック	P.57-59	19
ボンポワン	Bonpoint	6区	サロン・ド・テ	P.100-101	37
マジック博物館	Musée de la Magie	4区	博物館	P.42-43	14
マミ・ガトー	Mamie Gâteaux	6区	カフェ	P.104-105	39
マリオネット・デ・シャンゼリゼ-テアトル・ド・ギニョール	Marionnettes des Champs-Élysées - Théâtre de Guignol	8区	ギニョール	P.82-83	30
マルシェ・デ・ザンファン・ルージュ	Marché des Enfants-Rouges	3区	マルシェ、レストラン	P.108-109	41
マルセル	Marcel	18区	カフェ、レストラン	P.98-99	36
メナジュリー（動物園）	Ménagerie	5区	動物園	P.22	8
モノプリ セバストポール店	Monoprix Sébastopol	2区	スーパー・マーケット	P.72-73	26
ラ・ヴィレット公園	Parc de la Villette	19区	公園	P.10-11	2
ラ・ヴェセルリー 左岸-サン・シュルピス店	La Vaissellerie Rive Gauche-Saint Sulpice	6区	キッチン雑貨	P.68-69	24
ラ・ビドゥイーユ	La Bidouille	10区	ショップ、アトリエ	P.66-67	23
リトル・ファッション・ギャラリー	Little Fashion Gallery	1区	雑貨、ブティック	P.62-63	21
リュクサンブール公園	Jardin du Luxembourg	6区	公園	P.8-9	1
ルーヴル美術館	Musée du Louvre	1区	美術館	P.32-34	10
レオポルド・アシール広場	Square Léopold-Achille	3区	公園	P.18-19	6

PRESS PARIS
プレス・パリ

パリをテーマにしたエディトリアル・チーム。パリ在住のジャーナリストたちが、トレンドに迎合することなく、パリに鋭く切り込み、世界のパリ好きに向けて、ディープな情報を発信することをモットーにしている。ウェブ・サイト"PRESS PARIS"では、パリの最新情報や、東京で体験できるパリ情報を紹介。著書に『ファッショニスタと歩くパリガイド』、『東京のパリ案内(六耀社刊)』がある。
http://www.pressparis.com/

パリ・スタッフがサポートします

・パリのガイドをご紹介します
・旅行プランをご提案します
・空港からの交通をサポートします
・ショッピングや食事をサポートします

[お問い合わせ]プレス・パリ 旅行サポート係
TEL&FAX:03-6383-0028
presspari s@waltz.ocn.ne.jp

パリジェンヌ流人生の楽しみ方を学ぶ旅

親子のためのパリ案内

Guide touristique de Paris pour mamans et enfants

パリジェンヌに学ぶ子育てスタイル

La façon dont les mamans parisiennes élèvent leurs enfants

著者:プレス・パリ
Auteur : PRESS PARIS

編集長:小高一絵
Rédactrice en chef : Kazue ODAKA

編集:竹内和司
Rédacteur : Kazushi TAKEUCHI

ライター:横島朋子/モワソン久恵
Journalistes : Tomoko YOKOSHIMA / Hisae MOISSON

チーフ・カメラマン:井田純代
Photographe en chef : Sumiyo IDA

文化監修:畠山奈保美
Directrice culturelle : Naomi B Sauvage

カメラマン:井上実香/天野裕子
Photographes : Mika INOUE / Yuko AMANO

アート・ディレクター:武藤留衣
Directeur artistique : Rui MUTO

デザイナー:沢田雅子
Graphiste : Masako SAWADA

地図製作:ワークスプレス 株式会社
Réalisation des cartes : WORKS-PRESS CO.,LTD.

発行日	2011年12月13日
発行者	藤井一比古
発行所	株式会社 六耀社
	〒160-0022 東京都新宿区新宿2-19-12 静岡銀行ビル5F
	TEL.03-3354-4020 FAX.03-3352-3106
振替	00120-5-58856
印刷・製本	シナノ書籍印刷 株式会社

Printed in Japan
ISBN 978-4-89737-697-4

http://www.rikuyosha.co.jp/
この本へのご意見、ご感想などは、弊社ホームページまでお寄せください。